# 日本国民のための愛国の教科書

Patriotism:
The Textbook for the Japanese Nation

Takashi Shogimen

将基面貴巳

百万年書房

# 日本国民のための愛国の教科書

目次

レッスン1

# 愛国心を持つことは自然なことか

## （1）烈女・畠山勇子《はたけやまゆうこ》

今から、愛国心についてみなさんと一緒に考えていきたいと思います。

まずはこんなエピソードを紹介しましょう。


1891年（明治24年）、5月20日夕刻。

京都府庁舎の前で、ひとりの若い女性が自決しました。

彼女の名前は、畠山勇子。享年27。

彼女は地面に座り、自らの手で両膝を合わせ固く縛り上げ、持ってきた剃刀《カミソリ》で腹を切り裂き、喉を突いたのです。

傍らには、日本政府とロシア政府に宛てた書簡と、母親、叔父、兄弟に宛てた手紙がありました。発見当時まだ息はありましたが、医師が駆けつけた甲斐もなく、ほどなく出血多量で死亡。

なぜ、畠山勇子はこのような行動に出たのでしょうか？

自決の動機は、いわゆる「大津事件」でした。

1891年（明治24年）5月11日。来日中だった帝政ロシアの皇太子ニコライ・アレクサンドロビッチ（後のニコライ二世）が、滋賀県大津を通過中に、警護にあたっていた巡査からサーベルで斬りつけられるという暗殺未遂事件が起きたのです。

皇太子の車夫と、同行していた従兄弟のギリシャ王子ゲオルギオスが応戦し、さらにゲオルギオスの車夫も駆けつけ、巡査は取り押さえられました。

巡査の名は、津田三蔵。38歳。津田は取り調べに対し、〝ロシア皇太子が天皇陛下に挨拶もせず日本国内を訪ね歩いているのは、無礼である。おそらく日本を攻めるための視察が目的だろう〟と述べています。

津田がこのように考えたのは、根拠がなかったわけではありません。当時のロシアはシベリア鉄道建設を計画し、朝鮮半島への勢力拡大を目指していました。同じく朝鮮半島に関心を抱いていた日本にとって、ロシアが脅威であったことは間違いありません。

ですが、実際に日本とロシアが敵対関係に入るのはまだ先の話。

当時の日本政府はロシア皇太子を国賓として迎えており、国を挙げての歓迎ムードに国民全体が沸きかえっていました。

しかも、ロシア皇太子は天皇に挨拶をするために、九州から東京へと向かっている途上だったのです。

また、日本は１８８９年（明治22年）に大日本帝国憲法を発布し、近代国家としてようやく第一歩を踏み出したばかりでした。そもそも大国ロシアを敵に回せるほどの国力はなかったのです。

そんなところへ発生したロシア皇太子暗殺未遂事件。ロシアに、日本を攻撃する絶好の口実を与えたようなものですから、日本政府が真っ青になったことは容易に想像がつきます。

しかし、明治天皇が自ら京都を訪れ、ロシア皇太子を見舞い、日本側が誠意を示したことが功を奏したのでしょうか。幸いなことに、皇太子一行が予定よりも早く離日する

葡國雑誌セロエーズにのせられたる畠山勇子寫眞

畠山勇子

ことになっただけで、賠償金を請求されることはなく、もちろん開戦に向かうわけでもなく、事態は収束に向かいました。

さて、この大津事件の報に接し、東京で女中として働いていた畠山勇子は〝日本存亡の危機だ〟と気が動転しました。

さらに、皇太子一行が予定を切り上げ帰国すると知り、〝どうしても一行には日本訪問を継続してもらわなければならない〟と考えました。なぜなら、明治天皇がわざわざ京都まで出かけて見舞ったのですから、皇太子がそのまま帰国してしまえば、天皇はもちろん日本国民全体の面目も丸つぶれだと考えたからです。

そこで、自分の命と引き換えに嘆願《たんがん》すれば、ロシア皇太子に考えを改めてもらえるはずだと思い、彼女は直ちに京都に向かいました。

こうして5月20日、この世の名残に京都市内観光をし、日没まもない時刻に京都府庁舎へ赴き、その後の彼女の自刃劇は冒頭に記したとおりです。

## （２）武士道の変遷

２０１７年（平成29年）、初夏のある日。

私は京都市下京区にある末慶寺《まつけいじ》というお寺を訪ねました。

お堂の裏へ入るとたくさんのお墓が立ち並ぶ中、ひときわ立派な墓石が目につきます。

「烈女畠山勇子墓」

墓石にはこうありました。

このお寺は現在、観光客にはほとんど知られていません。しかし、戦前は修学旅行生の観光スポットとして定番だったそうです。

畠山勇子の自決に対する世間一般の評価が、時間とともにどのように変化していったかについて、ここで見ていきたいと思います。

自決当時の有力新聞の反応は、センセーショナルに扱ったとはいえ、彼女の行動と動機そのものについては冷淡でした。

彼女は当初、雄虎《ゆうこ》という名の男性だと勘違いされていたようですが、女性だと判明し、いよいよ変人の奇行だということにされてしまいました。

1891年（明治24年）5月23日付の「東京朝日新聞」は、ロシア皇太子の帰国を思い留まらせるために「死を決して」東京から京都へ向かったようだが、それにしても「奇女子」という他はない、と書いています。

同日の「国民新聞」は、勇子の自害を「一命を賭して」日露両国の平和を望んだ「発狂心」に由来すると記しています。

しかし、一部メディアには同情的な声も見られました。キリスト教思想家・巌本善治《いわもとよしはる》が編集人を務める日本初の本格的女性雑誌「女学雑誌《じょがくざっし》」は、2号連続の巻頭記事で畠山勇子を取り上げ、自決に至る経緯をドラマティックな語り口で描写しています。勇子は無宗教だったが、一命を投げ出す決心をして「人間天真の本面目」に還り、「道心」が復活し、日本国民をひたすら思い煩う「女流の改革者」となったと称賛しています。

畠山勇子の墓

さらに興味深いことに、外国人たちが勇子の死に心を動かされました。

たとえば小泉八雲、つまりラフカディオ・ハーンは勇子自決の報に接し「勇子――ひとつの追憶」という小文をしたため、さらに2年後には、畠山勇子のお墓参りをしたことを「京都紀行」という短いエッセイで記しています。

八雲は、新聞記者たちをありふれた動機を見つけようとする皮肉屋にすぎないと批判し、その一方で一介の庶民にすぎなかった勇子を「サムラヒの女《むすめ》」と讃えるのです。

さらに八雲は、勇子の墓に実際に詣で「無私なる霊に対して誠実な敬意」を捧げたと記し、「国民の愛と忠誠の証を立てる」という「純潔な理想」を勇子の死に見出しています。しかも、勇子が上流階級の麗人であったなら、その犠牲の意味はこれほどの切実さをもって迫ってはこなかっただろうと述べ、気高い行いをする人は「平凡な人であって非凡な人ではない」と結んでいます。

このように、勇子の自決に関するリアルタイムの反応は、眉をひそめるものと同情的なものとに二分されていました。ところが時が経つにつれ、勇子は徐々に偉人として扱われるようになっていきます。

彼女の自決から24年後の1915年(大正4年)、畠山勇子は京都市立高等女学校が編《へん》纂《さん》した書籍『婦人のかがみ』に登場します。その中で、彼女の自決は「やや常軌を逸し」ているが、その国家を思う心は人を動かすもので「世に稀なる烈婦」だと称賛されています。

それからさらに27年後の1942年(昭和17年)刊行の書籍『武士道散華《さんげ》』(萩原新生・著)では、畠山勇子は「卑賤《ひせん》」な身分にもかかわらず「切腹武士道」の「日本精神」を実践した女性として紹介されています。武士道を男子だけのものだと思うのは間違いだ、と著者は畠山勇子を絶賛しているのです。

1942年(昭和17年)に勇子の自決が「武士道・日本精神の精華」だと理解されたのは、当時、武士道が日本人全員にとって模範的な行動ルールとなっていたからでした。しかし、それより半世紀前の1880年代(明治13〜22年)には、武士道は「武士階級特有の倫理観」と理解されていました。つまり、勇子のような一介の女中とは無関係なものだったのです。しかも、武士という階級は明治に入って滅んでいたので、武士道も過去の遺物として扱われていました。

それが１８９０年（明治23年）以降、すべての日本人が武士道を手本にするべきだという機運が徐々に高まり始めました。

こうして武士道ブームが社会現象となるのですが、勇子の自決はその先駆けといってよいものだったのです。

まだまだ武士道が見直され始めて間もない頃に、一介の女中にすぎない勇子が自決を果たしたこと。これがどれだけ奇怪な事件だったか、おおよそ想像がつくのではないでしょうか。

## （３）明治の日本人と愛国心

このように、時代が進むにつれて、畠山勇子の自決に対する評価は、変人の奇行から、国を思う武士道・日本精神の精華へと変化しました。しかも、今日では畠山勇子の名はほとんど忘れ去られています。

同じ事件でも、時代によって受け取られ方は大きく異なるのです。堅い言い方になりますが、これが「歴史的偶然性」というものです。

つまり、歴史の中ではあらゆるものが変化し、今の私たちにとって自然だと思われている事柄も、過去にはそうではなかった事例がたくさんあります。だから、何かを永遠不変の真理であるかのように思い込むことには、たいてい罠があります。

**あなたは現在、日本に生まれた私たちが日本という国を愛すること、つまり愛国心を持つことが自然であり当然のことだと思っていますか？**

しかし、ここに「歴史的偶然性」という視点を持ち込むと、どうなるでしょう。現在、愛国心を持つことは自然で当たり前のことですが、過去には必ずしもそうではなかったのではないか？　という疑問が生じてきませんか。そして、もし仮にそうだとすれば、いつかの未来には国を愛することは自然でも当然でもないことになる、という可能性も出てくることになります。

実際、過去の日本ではどうだったのでしょうか。

明治（1868～1912年）に発行されていたいろいろな雑誌を読むとわかりますが、1890年頃までは、多くの言論人たちが「なぜ日本人には愛国心がないのか」「どのようにすれば日本人は愛国心を持つようになるのか」という問題を論じています。

「だいたい愛国心って何のことだ？」というのが人口の7、8割を占める一般庶民の受け止め方だ、と思想家・西村茂樹も1891年（明治24年）の講演で述べています。

つまり、**明治前半の多くの日本人にとって、愛国心を持つことは自然でも当然でもなかったのです。**

ところが、です。そのたった7年後の1898年（明治31年）に、フランス出身の宣教師リギョールは、こう述べています。

「世界に国を成《な》すもの沢山《たくさん》あり、然《しか》れども日本人程愛国々々と叫ぶ者は未だ嘗《かつ》て見たることなし」

——『日本主義と世界主義』文海堂

つまり、世界にはたくさんの国々があるが、日本人ほど愛国、愛国と絶叫する国民は見たことがない、というのです。

わずか7年の間に、外国人が驚くほど多くの日本人が熱狂的愛国者になったのです。

このような極端な変化は、福沢諭吉の言論活動を追ってもわかります。

福沢は初期の著作の中で、日本人が愛国的になることの重要性を力説していました。代表作『学問のすゝめ』（明治5〜9年）にしても『文明論之概略』（明治8年）にしても、一面において「すべての日本人に愛国心の重要性を説いた作品だ」と言えます。「自国の権義を伸ばし、自国の民を富まし、自国の智徳を修め、自国の名誉を輝かさんとして勉強する者」こそが福沢にとっての愛国者でした。

もともと日本人はこうした努力を、自分が属する藩、とりわけ主君のために行ってきました。福沢はこうした態度を、より大きな「日本」という単位に向けることを目指したのです。

「自国の権義を伸ばし、自国の民を富まし、自国の智徳を修め、自国の名誉を輝かさん」とする努力を国民一人ひとりが怠らないとき、日本が西欧諸国に後れをとらない存在になるのだと説いて、日本人は愛国心を抱くべきだと主張したわけです。

もちろん、福沢が愛国心の必要性を説いたのは、日本人の多くが愛国的ではないどころか、そもそも愛国的であるとはどういうことかもわからない状態にあったことが背景にあります。

ところが、後に福沢は、日本人の一部が愛国的になりすぎたことに戸惑いを覚えるようになります。1892年（明治25年）に「極端の愛国者」という論説を発表し、一部の愛国者は外国人に対して強硬な態度をとり、外国人との間で紛争が持ち上がればよく調べもしないで外国人の方が悪いと決めつける、と観察しています。その上で、愛国的であるからといって外国人を敵視する必要はない、と警告しています。

さらに1897年（明治30年）には、福沢は『福翁百余話《ふくおうひゃくよわ》』の中で「所謂《いわゆる》愛国心の迷」について論じ、諸国民が自国の利益ばかりを追求する世界は非情なものであることを嘆き、自国の利益を主張し「愛国に熱する」のは「主義の高尚なるもの」ではない、と断じています。

**明治初期に日本人が愛国的になることを待望していた福沢は、明治後期には日本人の多くが愛国的すぎることを警戒し、愛国心自体に懐疑のまなざしを向けるようになったのです。**

つまり、たった10年前までは、ほとんどの日本人が「愛国って何だ?」と言っていたにもかかわらず、1890年代（明治23~32年）になると、多くの日本人が急激に愛国を叫ぶようになったわけです。ものすごい変化だと思いませんか?

## （4）愛国心の教育

なぜ明治初期の日本人が愛国心を持たなかったのかと言えば、そもそも大多数の日本人にとって「日本」という単位が大した意味を持っていなかったからです。

ほとんどの日本人は、明治維新より以前は「藩」よりも大きな単位を意識せずに生活していました。つまり藩が「国」だったのです。

ある藩に生活している人にとっての「外国」は、よその藩。その向こうの、現在の私たちが言うところの「外国」は、意識の外だったということです。

ですから「日本」なんていう大きな単位を愛するなんて、当時の日本人には想像もつかなかったわけです。

なので、当時の日本人にあったとすれば「愛藩心」のようなものだったと言えるでしょう。ただし、藩への忠誠心は、突き詰めれば「主君」への忠誠心だったので、「藩という共同体に帰属する感覚」とは異なったものだったと言えます。

ところが、1890年代（明治23～32年）には多くの日本人が急に「愛国」を叫ぶようになりました。

理由はいろいろあります。

ひとつには1890年（明治23年）に教育勅語が公布されたこと。教育勅語の奉読と拝礼は、儀式を通じて愛国的な姿勢を日本人の身体に教え込みました。

さらに1894〜95年（明治27〜28年）の日清戦争で、日本が勝利を収めたこと。清国に勝ったことは、世界の中の強国としての「日本」を日本人に強く意識させたでしょう。

その他にもいろいろな要因が絡んで、多くの日本人が急激に愛国的になったと考えられますが、結局のところ日本人の多くが愛国的になった理由は、広い意味での「教育」の結果であると言ってよいでしょう。

**政府や言論界が「日本人が愛国心を持つこと」の重要性を強調し、そのような教育を施した結果、愛国的な日本人が生まれたのです。**

先に述べた教育勅語は、その際に大きな役割を果たしました。

教育勅語を校長先生が読み上げ、生徒がこれをありがたく聞く儀式は、国と天皇に対する畏敬の念を、若い日本人たちに植えつけました。

さらに武士道ブーム以降、武士道という倫理観が日本人全員に要求されるようになりました。一般庶民まで、日本人なら武士を模範とするべしとなりました。

武士は主君（藩主）に仕える存在です。明治日本の「武士」であるべきすべての日本人は、主君＝天皇に仕える存在として読み替えられました。こうして天皇を中心とする「日本」という国家への忠誠心が、教育によって刷り込まれていったというわけです。

## （５）〈国民〉は想像の共同体

しかし、よくよく考えてみると「日本人である」という同胞意識や「日本という国を愛する」という感情は不思議なものです。なぜなら、同じ日本人と言っても、親類、友人、知人を除けばほとんどの人々が会ったこともない赤の他人です。そんな赤の他人に、なぜ特別な意識や感情を持つようになったのでしょうか？

ベネディクト・アンダーソンという学者は、この赤の他人との連帯感を「想像の共同体」という言葉で表現しました。つまり、見知らぬ人と「想像」の中で私たちは結びついている、というわけです。

ですが、なぜそのように赤の他人でしかないはずの「日本人」たちと「想像」の中で結びつくことが必要だと考えられたのでしょうか。

それは、日本人を日本という国の〈国民《ネイション》〉にするためでした。

明治維新までの人々は、「藩」に属する存在として自分たちを理解していました。しかし明治になって、「日本」に忠誠心を持ってもらわなければ一丸となって外国に対抗できない。そのためには日本国民であるという意識を一人ひとりに植え付ける教育をしなければいけない。これは、ヨーロッパの国々を真似して明治新政府が行った、国、家、的、プ、ロ、ジ、ェ、ク、ト、でした。

ヨーロッパの国々は、フランス革命（1789〜99年：寛政元年〜11年）以降、〈国民《ネイション》〉を単位とする国民国家へと急速に変貌しました。

それ以前のもともとのヨーロッパ諸国は、「地方」が江戸時代の「藩」のように力を持っていました。地方の貴族や聖職者が及ぼす支配力は、中央政府の支配力に十分対抗できるだけのものがありました。つまり、中央政府の政策はトップダウン式に地方へ伝えることができたのではなく、地方の有力者の協力なしには実現不可能でした。しかも、各「地方」の文化や社会慣習は、現代とは比較にならないほど独自性が強く、各「地方」で話される言語すら異なっていました。

つまり標準語というものがそもそも存在しなかったのです。

そのように自律性・独自性の強かった「地方」を国家として統合するようになっていくのが、18〜19世紀のヨーロッパの歴史です。

こうしてブルゴーニュ地方やノルマンディー地方といった、様々な地方の人々がフランス国民として統合されるようになりました。学校教育や社会的プロパガンダを通じて〈国民《ネイション》〉意識が一般の人々に刷り込まれました。

そのために「フランス語」という国語（標準語）が作り上げられました。また、文化や社会慣習を異にする各「地方」をフランス国民というひとつの枠に収めるためには、ひとつの歴史を共有していることが必要とされました。そこで、様々な国民的英雄の物語としての「国民の歴史」が人々に教え込まれたのです。

これを真似したやり方を、明治新政府もまた日本の人たちに対して行ったのです。いろいろな藩の連合体でしかなかった日本という国を、中央の政府が統一的に支配する国に改造するために、ヨーロッパで行われた〈国民《ネイション》〉形成の方法をモデルにしたのです。まず「国語」が学校教育で教えられるようになりました。奇妙に聞こえるかもしれませんが、「国語」は明治になってから作られたものです。

また「国史」、つまり日本の歴史が学校で教えられるようになりました。〈日本人〉という想像の共同体を育むためには、ありとあらゆる手段が用いられましたが、中でも興味深いのは唱歌の誕生と奨励です。

学校で生徒全員が声を揃えて歌う行為は、歌うすべての人々の間に連帯感を生み出します。日本の景観の美しさや軍隊の勇ましさを歌にし、声を揃えて歌わせることで、〈日本人〉としての意識を次第に植え付けていったのです。このように日本列島に住む人々に「自分は日本という国の〈国民《ネイション》〉である」という意識を芽生えさせる教育を施し、その結果、〈日本人〉が生まれたというわけです。

ですから、**日本人なら日本に対して愛国心を持つのは自然で当然だ、というのは事実として間違っています。**私たちが〈日本人〉であることを強く意識するようになったのは、明治以降の教育の結果なのです。

そして、過去において愛国心を持つことが自然でも当然でもなかったのですから、未来においても永遠不変なわけがありません。

歴史の展開次第では、日本と朝鮮半島と台湾がひとつになって東アジア連合のようなものが出来上がるかもしれません。逆に、日本から沖縄や北海道が分離して日本という国が縮小することがあるかもしれません。

これはただの思考実験で、もちろん未来は神のみぞ知るですが、現在の日本を永遠不変なものと考えるのではなく、いろいろな可能性を考えることは「日本という国に暮らす自分」「〈日本人〉である自分」への理解をさらに深めることになるでしょう。

「国を愛する」とはどういうことか？　次のレッスンでは、さらに突っ込んで考えてみることにしましょう。

レッスン２

# 国を愛することは簡単なことか

## （1）「愛国」の起源

みなさんは、自分が生まれ育った国を愛するのは、自分の家族を愛するのと同じように簡単なことだと思っているのではないでしょうか？

しかし、国を愛すること、つまり愛国心は、少し歴史を振り返るだけでもそう単純ではないことがわかります。

明治の歴史を調べてみるとわかりますが、**「愛国心」という言葉は、もともと日本語には存在しませんでした。**

「愛国」という用語なら歴史上の文献に見当たらないわけではありませんが、決して広く用いられた言葉ではありません。そうした数少ない事例のひとつに『日本書紀』があります。

『日本書紀』に、大伴部博麻《おおともべのはかま》という兵士についての逸話が出てきます。大伴部博麻は、今でこそ忘れ去られた人物かもしれませんが、第2次世界大戦の頃には、愛国心の模範としてしばしば書物で紹介されていました。

博麻は、日本・百済《くだら》が唐・新羅《しらぎ》と戦った、663年（天智2年）の白村江《はくすきのえ》の戦いに従軍しましたが、唐軍の捕虜となります。そして捕虜として異国に留まっている間に、唐が日本侵攻を企てているという情報を得ました。

この事実を京都の朝廷に上奏しなければいけないのに、旅費がない。

そこで自らすすんで奴隷として売られ、その売却代金を仲間である土師連富杼《はじのむらじほど》ら4人の豪族に渡し、彼らを帰国させたのです。

こうして博麻は30年間も異国の地に留まることを余儀なくされましたが、ようやく帰国した際、持統天皇は博麻に向かってこう言います。

「富杼らは博麻の計に従って、日本へ帰ることができた。おまえはひとり他国に三十年も留まった。自分は、おまえが朝廷を尊び国を思い、己を売ってまで、忠誠を示したことを喜ぶ」

——宇治谷孟訳『日本書紀（下）全現代語訳』：講談社学術文庫：1988年

こうして持統天皇は博麻に様々な褒賞を与えました。

さて、右の引用文中で「国を思い」という現代語訳になっているところが、原文では「愛国」です。

平田俊春という日本史研究者によれば、明治4年以前に「愛国」という用語が用いられたのは、中国語文献からの引用を除けば、右の例を含めてわずか3例しかないそうです。

おそらく血眼になって探せば、そうした事例はもっと見つかるかもしれません。しかし、日本史の専門家である平田氏が「3例しかない」と断定していることから、近世以前の史料の中に「愛国」という言葉が稀にしか存在しない事実を汲み取ることができます。

「愛国」や「愛国心」という言葉がよく用いられるようになったのは、明治に入ってからなのです。

## （２）パトリオティズムとは何か

日本語の「愛国」「愛国心」は、英語で言うとパトリオティズム（patriotism）です。明治初期の知識人が愛国や愛国心を語る際、「愛国」「愛国心」とはパトリオティズムの翻訳である、という解説が決まってついています。

ここで、**「愛国は英語で言うとナショナリズムじゃないの？」**と思った読者がいるでしょう。それについての説明はおいおいしていきますが、ここではその前に、「愛国」「愛国心」やそれに類する言葉（たとえば「報国」）を使って、明治の人々はパトリオティズムという欧米から輸入された概念を語っていたという事実をおさえておきたいのです。

日本語の「愛国」「愛国心」という言葉について語ろうとするなら、まずはパトリオティズムが意味する内容を知らなければなりません。

パトリオティズムは、語源的に言えば、ラテン語のパトリア（patria）という用語に由来し、パトリアとは〈祖国〉を意味します。

現代日本語の辞書によれば、〈祖国〉とは「先祖代々住んできた国」や「自分が生まれた国」のことです。

しかし、パトリアの意味内容は、祖国と訳しただけでは、しっかりとすくい上げることはできません。

〈祖国《パトリア》〉とは何かという問題は、ヨーロッパの思想家によってしばしば論じられてきました。その歴史を遡ってゆくと、古代ローマの哲学者キケロにたどり着きます。

キケロによると、〈祖国〉には2種類あります。

ひとつは、「自然的な祖国」です。これは簡単に言えば、生まれ故郷のことです。自分の両親への愛情や、生まれ育った場所への愛着と密接な関係があり、実際に馴染みのある比較的狭い土地や地域を指します。

もうひとつは、「市民的な祖国」。つまり、自分が市民権を有する国を意味します。これは法的な共同体で、抽象的な存在です。「自然的な祖国」が土地、自然環境、そこに住む人々を具体的に指すのとは対照的です。キケロの場合、共和政ローマが彼にとっての「市民的な祖国」でした。

さて、ここでポイントとなるのは、キケロにとってこれら2種類の〈祖国〉のうち、市民的な祖国の方が圧倒的に重要だったという事実です。つまり、生まれ育った故郷やそこに住む人々に愛着を感じることより、自分が市民権を有する国、つまり「ローマで実践されていた共和政という政治形態」の方がはるかに重要だったのです。

市民的な〈祖国〉が外敵から脅威にさらされた場合は〈祖国〉のために自分の命を犠牲にするべきだ、とまでキケロは主張しました。

このように、キケロにとっての〈祖国〉とは、故郷の美しい山河や懐かしい郷里の人々ではなく、共和主義の主張そのものでした。共和主義とは、市民の自治を通じて、市民にとっての共通善（特に自由や平等、そしてそうした価値の実現を保証する政治制度）を守ることを重視する思想です。

このような伝統から、**ヨーロッパの国々では、愛国心《パトリオティズム》とは共和政的な政治的価値や制**

**度を防衛することにこだわる思想／政治的姿勢だと理解されてきました。**

逆に言うと、愛国心《パトリオティズム》が敵と見做《みな》すのは、市民にとっての共通善を脅かす暴政です。暴政とは、ヨーロッパ政治思想史の伝統では、暴力をむやみやたらに行使する暴虐非道な政治を意味しません。暴政とは、一部の人々が私益を目的として権力を乱用し、共通善を脅かすことで腐敗する事態を意味します。

キケロ的な愛国心《パトリオティズム》を継承した中世末期から近代初期の思想家たち（たとえばイタリア・ルネサンス期を代表するマキアヴェリ）は、暴政に対抗するものとして愛国心《パトリオティズム》を理解していました。

その意味では、**愛国者とは多くの場合、反体制派に属するものでした。**なぜなら体制側こそが、共通善のためでなく、私益のために権力を私物化し得る存在だからです。このようにヨーロッパの国々では、愛国心《パトリオティズム》とは、共通善を脅かす権力の乱用に抵抗する態度を意味したのです。

でも、これってみなさんが思う「愛国心」とはだいぶ異なっていませんか？　多くの人々が「日本を愛する」と口にするとき、たいていはこんな文脈で発言していますよね。

「富士山に代表される、日本の自然景観を愛しています」

「日本の職人のものづくりの伝統や、茶道や華道といった日本独自の文化を愛しています」

「日本のこれまでの素晴らしい歴史を愛しています」

愛国心の対象として、日本国の政治的価値観や法制度を思い浮かべる人は、それほど多くはないと思います。

ところが、ヨーロッパの伝統的な愛国心《パトリオティズム》では、日本人があまり思いつかない法的・政治的な価値を〈祖国〉として思い浮かべるのです。

中世・ルネサンスの時代を経て、18世紀末のプロイセン王国（現在のドイツ北部やポーランド北部、ロシアの西端を含む）で哲学者カントが論じたときも、愛国心は「自由で平等な市民から成る共和国への忠誠心」を意味していました。カントにとって「共和国」とは、共通善を実現するものです。つまり、**愛国＝共通善に奉仕すること**、と理解されていたのです。

こうした伝統的な考え方は、キケロ的な愛国心《パトリオティズム》が中世ヨーロッパで再び注目を浴びて以来、現代まで脈々と受け継がれてきています。

## （3）ナショナリズムとは何か

では、なぜ日本語の「愛国心」からイメージされるものが、西欧諸国のような政治的価値ではないのでしょうか？

ここで、先ほどの「愛国や愛国心は英語で言うとナショナリズムじゃないの？」という疑問に立ち返りましょう。

**ナショナリズムもパトリオティズムも、どちらも日本語では「愛国」と訳されますが、本来この2つはまったく異なる思想的出自を持っています。**

ところが18世紀後半以降、これら2つが世界的に合流し、重なり合い、時に混同して使用されることになった結果、現在の日本では「愛国＝ナショナリズム」という理解の方が広まっているのです。

ここで、ナショナリズムの方の説明をします。

パトリオティズムは、紀元前、古代ローマのキケロにまで起源を遡れることをすでにお話ししました。そして、パトリオティズムとは郷土への愛着というよりは、「共通善を実現するための、共和政という政治形態への忠誠心」を意味することも説明しました。

一方、ナショナリズムはその起源に関して諸説あるのですが、少なくとも中世末期(14、15世紀)あたりまで遡れる、というのが大方の研究者の間で一致した見解です。

ナショナリズムの語源はラテン語のナティオ(natio)で、もともとは「同郷の人々」を意味しました。それが、中世末期には「言語や社会慣習が同じ文化的共同体」という意味を持つようになります。中世キリスト教世界を支配したローマ教会内部では、イングランド出身(Anglicana)、フランス出身(Gallicana)、イタリア出身(Italica)といった「同郷人団体《ナティオ》」が形成され、それぞれの団体間での抗争が見られました。

ナティオ、つまり英語で言うネイションです。

そして、このナティオ（ネイション）への忠誠心、というのがナショナリズムの起源です。現代でも、ナショナリズムはこのルーツを受け継ぎ、「ネイションに忠実であること」を意味していることはご存じの通りです。

で、問題はこのネイション（nation）という用語です。

これが、日本語に訳すのが簡単なようでいてとても難しい。一般的には〈民族〉〈国民〉〈国民国家〉と訳されることが多いですが、日本のように「日本〈民族〉で構成された日本〈国民〉が日本という〈国民国家〉を形成している」と考えられているケースは非常に稀です。

しかも、**日本人が単一民族だという認識は、歴史的に見れば明らかに間違いです**。もともとアイヌや沖縄の人々は日本人ではなかったし、日本が朝鮮半島や台湾を植民地統治していた時代には「日本は単一民族国家ではない」という考え方が強かったことは言うまでもありません。

とはいえ、現代の日本人の間では「日本はひとつのネイションから成り立っている」という共通認識が流布しています。このこと自体がまた、世界を見渡すと稀なことなのです。

たとえばイギリスの場合、４つのネイション（イングランド、ウェールズ、スコットランド、北アイルランド）がまとまって、より大きなネイション（連合王国：United Kingdom）を構成しています。ですので、ブリティッシュ・ナショナリズムという言い方をする場合は、イングランド、ウェールズ、スコットランド、北アイルランドのすべてを包括する愛国心《ナショナリズム》を指しますが、その一方でスコティッシュ・ナショナリズムも存在し、スコットランドがネイションとしての独自性を主張し、特にイングランドに対抗している現実があります。

２０１４年にスコットランドが独立するかどうかで住民投票《レファレンダム》があったことは、記憶に新しいところです。

最近では、スペインのカタルーニャ地方が、スペイン国家からの独立を目指して大きな運動を繰り広げました。それはカタルーニャ地方のナショナリズムによるものです。

このように、ひとつの国家の中に複数のネイションが共存する例はいくらでもありますし、実際、世界ではそちらの方が一般的であるとすら言えます。

このような事情を踏まえつつ、ここでは次のポイントをおさえておいてください。

**ナショナリズムとは、自らのネイション（国民、民族）の独自性にこだわり、それに忠実であること。**

ここで重要なのは、ネイションの独自性にこだわる、という部分です。スコットランドにせよ、カタルーニャにせよ、ネイションの独自性にこだわりそれを守ろうとするので、中央政府からの影響を嫌って独立を志向するわけです。この独自性には、言語、歴史、社会慣習も含まれます。

たとえばスコットランドの場合、イングランドと同じく英語が話されますが、独特の方言を持っています。カタルーニャの場合は、スペイン語とは別にカタルーニャ語という言語を持っています。

また、スコットランドの場合、連合王国の一部としての歴史ももちろん持っていますが、スコットランド・ネイション独自の歴史があり、多くの歴史家によってスコットランド史が書かれ、スコットランドの人々がそれを読んでいます。

このように、ネイションにこだわるということは、言語、歴史、慣習などネイション独自の文化にこだわるということです。そして、それは自分とは異なるネイションの人々に対し、潜在的に対立的な関係にあることも意味します。

ネイションの文化や国土の独立を守ろうとするなら、当然、外部のネイションはそれらへの脅威と見做《みな》されます。あるネイションにとって別のネイションが対等な関係であれば理想的ですが、そうではなく脅威を感じて敵と見做される場合がある、ということはナショナリズムを考える際の重要なポイントです。

ここまでで、ナショナリズムがパトリオティズムとはまったく異なる思想であることはご理解いただけたかと思います。

ナショナリズムは、同郷人もしくは同一の文化共同体への忠誠心が起源です。一方、パトリオティズムは、自由で平等な市民たちが共通善を実現する共和政がルーツです。

ナショナリズムは、生まれや文化に根ざしていますが、パトリオティズムは共通善という政治的理想に根ざしているのです。

本来、明治の日本の知識人たちが「愛国」や「愛国心」と翻訳したのはパトリオティズムであって、ナショナリズムではありませんでした。ところが、現代の日本では「愛国」「愛国心」＝ナショナリズムという理解が一般的です。

「愛国《パトリオティズム》」から「愛国《ナショナリズム》」へのすり替えの原因は、どこにあったのでしょうか？

その答えは、実にシンプルなものです。

## （４）ナショナリズムの影響を受けたパトリオティズム

実は、そもそも明治の日本が欧米から輸入したパトリオティズムが、純度１００パーセントのパトリオティズムではなく、ナショナリズムの影響を受けたパトリオティズムだったのです。

現代のパトリオティズムには、キケロ以来の伝統的なパトリオティズムとは別に、ナショナリズムから影響を受けたパトリオティズムがあります。本書では以降、前者を**〈共和主義的パトリオティズム〉**、後者を**〈ナショナリズム的パトリオティズム〉**と呼んで区別します。

ここからはキケロ以来の伝統的なパトリオティズムが、ナショナリズムから影響を受けた過程を見ていきます。

きっかけとなったのは、18世紀末のフランス革命です。

フランス革命は、第三身分（中産階級、農民、手工業者など）の人々が、特権階級（王家、貴族、聖職者）が国を支配する体制を打倒すべく立ち上がった歴史的大事件です。

18世紀のヨーロッパの貴族たちは、自国の人々にそれほど親近感を抱いておらず、むしろ隣国の貴族たちとの結びつきの方が重要でした。また、18世紀フランスの場合、カトリックの聖職者たちはヨーロッパ全体に張り巡らされたカトリック教会のネットワークの一員としての意識の方が、フランスという国のメンバーであるという意識よりも強かったのです。

つまり、特権階級の構成員である貴族や聖職者たちは、ヨーロッパ諸国の同一身分の人々と連帯しており、国内の第三身分の人々との連帯意識は持っていなかったのです。

このような特権階級を打倒するために立ち上がった第三身分の人々は、自分たちを〈愛国者〉《パトリオット》であり〈国民〉《ネイション》であると自称しました。そして、特権階級の人々も彼らのことを〈愛国者〉《パトリオット》や〈国民〉《ネイション》と呼んで敵視しました。

革命が成就し、政治的支配の主導権を奪ったブルジョアジー（中産階級の人々）たちは、すべての人々にフランス国民という意識を植え付けるために、様々な祝典、儀礼、教育を行いました。フランス国民としての歴史を教え、フランスの国語を作り、フランスの文化を創出したのです。

ここで、パトリオティズムとナショナリズムが重なり合いました。〈祖国《パトリア》〉という言葉が指すものが、共和政の価値観や制度だけでなく、フランス国民独自の文化、言語、歴史、景観美も指すようになったのです。これが〈ナショナリズム的パトリオティズム〉の起源です。

**ナショナリズムとパトリオティズム、このまったく異なる2つの思想は、進行するフランス革命の中で渾然一体となっていました。**フランス革命が隣国との戦争に発展した際に、フランス人兵士たちが発した「フランス〈国民《ネイション》〉万歳！」という叫びは、他国を敵視するナショナリズム由来のものです。しかし、彼らが謳《うた》った政治理念は、あくまでも人類普遍の「自由と平等」であり、ここには〈共和主義的パトリオティズム〉を認めることができます。

このように、フランスという一国の文化や国土にこだわるナショナリズム的性格と、自由や平等といった普遍的な政治的価値にこだわる共和主義的性格が同居しているのが、フランス革命を支えた愛国心《パトリオティズム》の特徴だったのです。

以降、19世紀を通じて、フランスをはじめとする西欧諸国で〈国民《ネイション》〉意識を人々に植え付ける教育が行われた結果、パトリオティズムはナショナリズム的な色彩を深めていきました。

その結果、現在では〈共和主義的パトリオティズム〉よりも〈ナショナリズム的パトリオティズム〉が優勢な傾向さえ、見られるようになっています。

## （5）近代日本の「忠君愛国」

さて、ここで日本に話を戻します。

徳川幕府が倒れ明治新政府が誕生したのは、フランス革命から80年くらい後のことです。当時の日本にはヨーロッパから様々な思想が流れ込み、パトリオティズムもそのうちのひとつでした。

パトリオティズムをどう訳せばいいのか？　いくつかの訳語が提案されましたが、結局「愛国」で落ち着きました。

この「愛国《パトリオティズム》」という言葉が意味するものは何か。政治家や知識人の間で、大論争になりました。なぜなら、これまで見てきたとおり、愛国には〈共和主義的パトリオティズム〉と〈ナショナリズム的パトリオティズム〉という2つの意味が重なって存在していたからです。

「愛国」という日本語はどちらを指すのか。別の言い方をすれば、本物の「愛国」はどちらなのか。

明治の知識人の中で、〈共和主義的パトリオティズム〉を説いた代表的存在は、植木《うえき》枝盛《えもり》です。自由民権運動の代表者として有名ですが、植木は明治新政府を暴政だと攻撃し、政治参加の機会を失った武士階級にも再び政治参加させることを主張しました。

一方、〈ナショナリズム的パトリオティズム〉を主張した代表格は、福沢諭吉です。福沢は、日本人に愛国心を持たせるためには、欧米列強に対する競争心をかき立てるべきだと強く主張しました。国内における暴政の打倒を主張した植木と対照的に、福沢は外交的な日本独立の重要性を強調しました。

この植木や福沢をはじめとする明治の「愛国」論争は、最終的に〈共和主義的パトリオティズム〉が敗北しますが、勝ったのは福沢が唱えた〈ナショナリズム的パトリオティズム〉ではありませんでした。

論争の果てに登場したのは、「忠君愛国」という新しいスローガンでした。つまり、**西洋の思想である愛国《パトリオティズム》は、日本国内では忠君（天皇に対する忠誠）を伴わなければならない、という主張が大勢を占めるようになったのです。**

「愛国」は、〈ナショナリズム的パトリオティズム〉に「忠君」を接合することで、より日本独自の意味合いを強めることとなったわけです。

だから、現在の私たちが愛国心と言うときに、もっぱら日本の文化や歴史、日本語を思い浮かべることはあっても、日本国の政治的価値や法制度――つまり現代日本の民主主義や憲法を思い浮かべることがないのです。

その代わり、「忠君愛国」の名残として、現代でも、愛国心を天皇に関して抱くことはあるでしょう。しかし、天皇制を純粋に政治的な価値や制度として理解することには問題があります。この点についてはレッスン3で説明したいと思います。

それよりも、ここできちんと確認しておきたいことがあります。ヨーロッパでは現在でも〈共和主義的パトリオティズム〉が生き続けているという事実です。つまり、「愛国」を論じるときに、世界的・歴史的に見た本家本元はこの〈共和主義的パトリオティズム〉の方なのです。〈ナショナリズム的パトリオティズム〉は、ネイションの独自性にこだわりますが、この考え方は歴史的には新しい分家みたいなもので、本来、愛国という言葉から思い浮かべるべきなのは、共和政的な政治制度や共通善という政治的価値なのです。

愛国心を学ぶにあたっては、まずこの基本をきちんと理解しておくことがとても重要なのですが、現在の日本ではまずこの手の話は通用しません。それどころか、最近では欧米ですら両者を混同する人が現れるようになり、挙げ句の果てには「ナショナリズムとパトリオティズムは同じ意味だ」なんて言い出す人まで出てくる始末で、本当に困ったものです。

ここまでのポイントを一度整理しておきましょう。

1 パトリオティズムとナショナリズム、日本語ではどちらも「愛国」だが、2つはまったく異なる思想。

2 パトリオティズムは、〈祖国《パトリア》〉の重要性にこだわる古代ローマ由来の思想。ナショナリズムは、ネイション（国民、民族）の独自性にこだわる、フランス革命以降に民衆に広まった新しい思想。

3 フランス革命をきっかけに、ナショナリズムとパトリオティズムは重なり合い、伝統的な〈共和主義的パトリオティズム〉とは別に、〈ナショナリズム的パトリオティズム〉という新しいタイプの「愛国」が生まれた。

4 現在、日本語の「愛国」は、〈ナショナリズム的パトリオティズム〉の意味で理解されている。しかし、ヨーロッパで「愛国」と言う場合、〈共和主義的パトリオティズム〉を指す方が本家本元。

5 本家本元の「愛国」は、郷土の自然やそこに住む人々よりも、共通善を重要視する。

## （６）なぜ国を愛するのか

さて、ここまでパトリオティズムとナショナリズムを区別しつつ、「愛国」の意味するところを説明してきました。

パトリオティズムは、愛国という訳語からもわかるように、「愛する」という意味を含んでいます。実際、パトリオティズムを英語の辞書で引くと、たいてい「love of country」と定義されています。つまりパトリオティズムは「愛」の概念と無関係ではありません。

では、「国を愛する」というとき、その「愛する」とは一体どういうことなのか？を考えてみる必要がありそうです。

国を愛するのはなぜなのか？　どのように国を愛するべきなのか？　この２つの問いについて、ここから考えてみましょう。

まず「なぜ」という問題ですが、私たちが日本を愛するとき、どのような理由が考えられるでしょうか？

ひとつ考えられるのは、「日本が優れた国だから」という理由です。

「日本には世界に誇るモノづくりの伝統があるから」

「日本には長い歴史と洗練された文化があるから」

「日本には四季があり、美しい景観があるから」

といった具合です。

さらに、先ほどお話しした〈共和主義的パトリオティズム〉の視点に立てば、「日本は自由な国だから」という主張もできるかもしれません。

しかし、このように何らかの美点を挙げてその国を愛する理由を説明すると、困った問題が出てきます。

「日本には世界に誇るモノづくりの伝統があるから」と言っても、そのような美点を持つ国は日本だけでしょうか？　イタリアには素晴らしいファッションや革製品がありますし、ドイツには世界に誇る高級車ブランドがいくつもあります。優れたモノづくりの伝統は、日本にしかないわけではありません。「長い歴史」や「洗練された文化」も、西欧諸国や中国、インドをはじめ、世界にはたくさんあります。美しい景観を誇る国は、好みにもよりますが、日本だけでなくスイスやフィジー、あるいは私が住んでいるニュージーランドなど、世界中に無数に存在します。

〈共和主義的パトリオティズム〉の視点に立ったとしても、日本と同じ程度に「自由」な国は、ヨーロッパや北米を中心にいくつもあります。

このように何らかの美点を理由に日本を愛する場合、同様の美点を持つ国が他にもあるのなら、なぜ日本だけを愛するのか、なぜよその国ではいけないのか、という説明がつかなくなってしまいます。

しかも、美点や長所を持つからその国を愛するのだ、というのであれば、あまり取り柄のない国の場合はどうなるでしょうか。国土は荒れ果て、自由も平等もなく、経済的にも貧しく、文化的な生活もない国は、愛するに値しないのでしょうか。

いいえ、どんなに貧しい国でも、どんなに政治的不正がまかり通っている国でも、その国を愛する人たちはいるものです。つまり、こう考えてくると、ある人が国を愛する理由は他にありそうです。

**「その国が自分の国だからだ」**

これです。

要するに**「日本人が日本を愛するのは当然だ（それの何が悪い）」**ということです。

古代ギリシャの哲学者アリストテレスも言っていることですが、あるものに強い感情を抱くには、それが自分に関わっていることが必要です。それは家やクルマ、洋服などの所有物に限らず、自分が住む町、自分が暮らす国も同様です。

たとえば、未知の土地は私たちに強い感情を引き起こしませんが、実際にその土地を訪れ、長いあいだ生活し、その地に友人を持てば、その土地に親しみや懐かしさといった感情を抱くようになるでしょう。

これとは逆に、未知の土地で生活し、生活環境が劣悪だったり、そこの住民からいじめられたりすれば、自分が住む町だとしてもその土地に負の感情を持つことになるでしょう。

アリストテレスの指摘にあるように、人は自分が関わっているものに「強い感情」を持ちますが、その「強い感情」とは必ずしも好ましいものとは限りません。自分の国に対して強い愛情を抱くかもしれないし、強い嫌悪感を持つかもしれません。

その意味では、「日本は私の国だ」という理由づけからは「だから日本という国に私は強い感情を持つのだ」とは言えても、「だから私は日本を愛するのだ（それの何が悪い）」とは必ずしも言えないことになります。

とにかくここでは、**自分の国に対しては強い感情が生じるものだ。**このことを確認しておきましょう。

## （7）「自分の国」という宿命

自分が関わっているものについては、何らかの強い思い入れが生じることを確認しました。たとえば「自分の国」や「自分のクルマ」には、誰でも特別な思いが生じるものです。

しかし、この2つの例には大きな違いがあります。それは、クルマは選ぶことのできるものですが、通常、「自分の国」は選ぶことができないということです。

もちろん、ある一定の年齢になったら自由意志で移住し、よその国に帰化することは可能ですが、それにしても自分が生まれる国を自分自身で決めることは不可能です。

その意味で、同じ「自分の関わるもの」といっても、**自分が日本に生まれ育ったことに関しては好きも嫌いもないのです。**なぜなら日本に生まれ育ったことはその人にとって宿命だからです。宿命とはそうあらざるを得ないもの、受け容れざるを得ないもの、ということです。

あなたの皮膚の色、生まれた時代、両親は選ぶことができない。それと同様に、自分が生まれる国は選びようがない、ということは「自分の国」に独特の宿命的色彩を帯びさせることとなります。

だからこそ「自分の家族を愛するのと同様、自分の国を愛するのは簡単なことだ」という説明は不思議な説得力を持つのです。誰でも、自分の宿命を否定したくはありません。それは自分自身を否定することとほとんど変わらないからです。

ですから「自分の国を愛する」ということには、「自分が選んで買ったクルマを愛する」とは違った、宿命的な響きが伴うわけです。それはほとんど神聖なものですらあると言ってもよいかもしれません。国を愛するのはなぜか？　という問いについてはこういう特殊な側面を見逃すことはできないでしょう。

では、そのように愛国には宿命的な性格が伴うことを踏まえた上で、どのように国を愛すべきなのでしょうか？

ここで、2つの対照的な愛し方について説明します。

ひとつは、盲目的な愛。

もうひとつは、**「愛のまなざし」**による愛。

盲目的な愛は、相手を理解せず、ただひたすら恋い焦がれることです。

一方、「愛のまなざし」とは、相手の良いところを見ようとする愛情に根ざした、相手を理解しようとする態度のことです。

この「愛のまなざし」とは、イギリスの小説家で哲学者だったアイリス・マードックが提唱した概念です。

それによると、相手を正確に理解しようとする注意力、相手に対する好意的な関心が愛情には不可欠だということです。

できるだけ良いところを見ようとするのですが、だからと言って、悪いところを見ないようにするのではない。長所は長所として正確に理解し、これを愛する一方、欠点も欠点として正確に理解し、これも愛する。こういうことです。

長所を長所として理解した上でこれを愛するのは簡単なことです。しかし、欠点を欠点として認識し、それを愛するのはちょっと辛いことではありませんか。

ここで重要なのは、この欠点を欠点としてはっきりわかった上で、それを包み込む愛の深さと苦しみです。盲目の愛には、相手に対する正確な理解がないのですから、そうした深さも苦しみもありません。ここからわかるのは、「愛のまなざし」による愛こそが真実の愛だ、ということです。

さて、国を愛する場合にもこの２つの愛し方があります。

ひとつは国を盲目的に溺愛すること。

もうひとつは、その国を正確に理解した上で愛すること。

**日本に「愛のまなざし」を向けるということは、日本を溺愛することとは違います。**

日本の優れた業績は正当に認めるし、長所をさらに伸ばそうとします。しかし、日本の欠点や日本が犯した過ちもしっかり理解しようとし、日本の短所を改める努力をします。

となると、日本に「愛のまなざし」を注ぐためには、優れた業績だけでなく、できれば目を背けたくなる過去の恥ずべき行動についてもしっかり理解をする必要があります。

その意味で、自分の国に関して良いところばかりを見てこれを自慢するのは盲目的な愛でしかない。自分の国の良いところも悪いところもひっくるめて正確に理解する努力が、本当の愛により近いと言えるのではないでしょうか。

## （８）「日本バカ」に足りないもの

日本人である自分が日本に対して「愛のまなざし」を注いでいるのか、それともただ盲目的に溺愛しているのかを試されることが、外国人との折衝においてしばしばあります。

私がまだ研究者として駆け出しだった、１９９０年代の末のことです。アメリカ・ミシガン州で毎年開催される国際中世研究学会に参加した際、ハイコ・オーバーマンという有名な先生の講演会がありました。講演会の主催団体が、講演会の直後にディナー・パーティを企画し、私も出席しました。オーバーマン先生は、中世神学・中世思想史そして宗教改革史を研究するならその名前を知らない人はいないほど有名だった（いや、今でも有名です）せいか、ちょっと近寄りがたい存在だったようです。彼の隣の席は空席のままで、レストランに到着が遅れた私は、その空席に座ることになりました。

私が日本人であると知ると、オランダ出身のオーバーマン先生はいきなり質問を始めました。

「私の叔父は第２次世界大戦中に日本軍の捕虜になって、ひどく虐待された。日本軍は一体なぜ捕虜を不当に扱ったのか」

社交の場にふさわしい話題とは思えませんが、質問された以上、逃げるわけにはいきません。日本軍の組織的体質などについて、私が知っている範囲で答えましたが、なにしろ相手は頭脳明晰な大学者です。矢継ぎ早に質問攻めにしてくるので、防戦するのにひどく苦労しました。最終的にはこちらの説明に「なるほど、理解できた」と納得してくれましたが、私は目の前のローストビーフにほとんど口をつけることができず、すっかり冷めてしまいました。

それはともかく、中世・宗教改革期の神学思想史の大家オーバーマン先生と話をする際には、専門分野についての知識だけではダメだということを思い知らされました。相手がこちらを〈日本人〉として見ている以上、日本という国について、外国人が納得のいくように説明できなければならない、ということです。しかも、それは「自分は日本人だから日本が好き（それの何が悪い）」というような生易しいことではないのです。

世界には、日本に対して好意を持っている人たちばかりがいるのではありません。日本にどのような批判が突きつけられてきたか、そして、現に突きつけられているか、について知っておく必要があります。その意味でも、日本の歴史上の汚点や現在の問題点について目を塞いではならないのです。

日本の問題点についての基本的知識を持ち、なぜそのようなことが起こったのか／起こっているのか、を合理的に説明できることが必要なのです。

日本の歴史上の汚点に触れたり、現政権に批判的だったりする人に向かって、「反日」というような非難の言葉を吐く人を見たことがあるかと思います（あるいは、ひょっとしたらあなた自身がそういう言葉遣いをしたことがあるかもしれません）。

しかし、「愛する」ということについての根本的な理解の違いはここに明らかです。日本の歴史上の汚点について触れたり、現在の政権に見られる問題点を指摘することは、先述した「愛のまなざし」によるものです。

それは親が子供のことを、長所も欠点も含めて正確に理解しようと努めることと似ています。親が子供の長所ばかりを見て欠点を見ないことを「親バカ」と言いますが、それに倣《なら》えば、日本の長所ばかりを見て欠点を見ようとしない人は**「日本バカ」**です。

日本について正確に理解するには、歴史だけでなく、現代の政治・経済や社会・文化についても広い知識が求められるでしょう。しかも、それはただの知識だけでなく、自分自身の価値判断も含んだものでなければなりません。

「愛のまなざし」は、長所も欠点も正確に理解します。つまり、現在の日本の何が優れているか、だけでなく、何がダメなのか、についても評価できなければならないのです。

その意味で、先ほど説明した〈共和主義的パトリオティズム〉は示唆に富んでいると言えるでしょう。なぜなら〈共和主義的パトリオティズム〉は、共和主義的な政治価値（共通善）を理想として掲げるからです。

理想を持つということは、その理想に照らし合わせて現実を評価することを伴います。つまり**〈共和主義的パトリオティズム〉は、現実の政治の長所と欠点を評価することを怠らないのです。**

そして、欠点が目についても愛するということは、「臭いものにフタをする」で済ませるのではありません。その欠点をどう克服すべきかを考え苦しむことなのです。

欠点を理解しない愛とは、愛の対象と共に苦しむことから逃げるので、底が浅い愛です。自分の国を悪く思いたくないのは、自分の親のことを悪く思いたくないのと似ています。しかし、正確に理解することから生じる苦しみに耐えることで初めて、国への愛は試されると言えるでしょう。

このレッスンでは、２つのことを説明しました。

ひとつは、「愛国」を論じる際に、思い浮かべるべきなのは、本家本元の愛国《パトリオティズム》、つまり共通善を重んじる価値観と政治制度だということ。

もうひとつは、愛することは「愛のまなざし」によって相手を正確に理解する態度を必要とするということ。

**国を愛すること、愛国心を持つことは決して簡単なことではないのです。**

レッスン3

# 国のために尽くすことは正しいことか

## （１）国への忠誠心

愛国心を持つと、国を愛するだけでなく、その心構えに合った行動をとるようになります。いわゆる「お国のために尽くす」ということで、国の利益になるよう行動し、国の利益に反することはしません。これを言い換えると「国に忠誠心を抱く」となります。

このように愛国心を忠誠心の一形態だと考えたときに、どのような事柄が見えてくるでしょうか？　ここからはそれを探っていきましょう。

私たちは国に限らず、いろいろな団体に忠誠心を持つことができます。学校に忠実なら愛校心、勤め先に忠実なら愛社精神があると言います。スポーツチームや、俳優、ミュージシャンのファンも忠誠心の一形態と言っていいかもしれません。同様に、スマホはiPhoneに決めているという場合、アップル社に忠実だと言えるでしょう。

思いつくままに忠誠心の例を挙げましたが、ここで考えたいのは**「忠誠心を持つことは道徳的に正しいと言えるのか？」**ということです。

愛校心や愛社精神の場合は、なんとなく持っていた方が道徳的に望ましいと感じるかもしれません。しかし、ファンの場合はどうでしょう。米大リーグのマリナーズとヤンキース、どちらを応援しようとその人の勝手で、どちらが正しいとは言えそうにありません。どのスマホを買うことが道徳的に正しいかなんて考えるだけ無駄な気がします。

さらに、こんな場合はどうでしょう。

あなたの勤務先が、環境汚染物質を垂れ流していたとします。あなたがその事実を知ったとして、その会社に忠誠心を抱き続けることは道徳的に優れていると言えるでしょうか？

あるいは、あなたが新聞社に勤務していたとして、現政権が日本を誤った方向に導いている証拠をつかんだにもかかわらず、勤務先が政権の意向を忖度《そんたく》して報道を自粛したとしたら、その新聞社に忠誠心を持つことは道徳的に正しいでしょうか？

それらの場合、もはや忠誠心を持つことが正しいと言えないのではないでしょうか。

これらの例からわかるように、忠誠心の道徳的価値はその対象によって大きく左右されます。つまり、忠誠心を抱くことは必ず道徳的に正しいわけではない、ということです。

したがって、愛国心を持つからといって、国の言うことならなんでも聞くという姿勢は、必ずしも道徳的には正しくありません。**国に忠誠を誓うことが道徳的に正しいかどうかは、その国の状態によって左右されます。**

## （2）ハーシュマンの理論

このように愛国心を忠誠心の一種だと考えたときに示唆に富むのは、アルバート・ハーシュマンという経済学者が提唱した、忠誠心についての理論です。

ハーシュマンが問題にしたのは、忠誠心の道徳的な正しさではありませんでした。人間はできるだけ利益を追求し損害《コスト》を減らそうとする、ということを前提とするなら、忠誠心とはどのような態度や行動として表れるものか？　がハーシュマンの関心事です。

そこで、ハーシュマンが忠誠心を論じる際に想定したのは、衰退しつつある組織、倒産の危機にある企業のようなものでした。

うまくいっている組織であれば、メンバーはその組織に対して満足しているはずです。組織は安定しており、メンバーが組織を裏切ることもなく、組織のリーダーもメンバーの裏切りを心配する必要はないでしょう。組織がうまくいっているときには「忠誠心」は問題にならないのです。

ハーシュマンは、忠誠心が問題になるのは組織がうまくいっていないときだと想定します。つまり、**愛国心が問われるのは、国がうまくいっていないときなのです。**

そこで、たとえば倒産の危機にある会社を思い浮かべてください。

あなたがその会社の社員だとしましょう。その場合、あなたはどのような態度・行動をとるでしょうか？

ハーシュマンによれば、ひとつめの選択肢はその会社を辞めることです。会社が倒産する前に辞めてしまい、より安全な別の会社に転職すること。これをハーシュマンは**「離脱」**と呼びます。

もうひとつの選択肢は、その会社に留まり再建策を積極的に提案することです。あなたが平社員だとすれば、あなたの提言を経営陣が採用することはないかもしれません。でも、潰れそうな会社を立て直すために黙っているわけにはいかない、という態度。この選択をハーシュマンは**「発言」**と呼びます。

この「離脱」と「発言」という2つのキーワードを使って、ハーシュマンは忠誠心を解説します。

彼によれば、忠誠心とは「離脱」を断念させて「発言」へと人々を導きます。忠誠心を抱く人は、組織からの「離脱」をひとまず置いて、組織を内部から改善することを目指す、というわけです。

ただし、倒産寸前の会社で再建策を提言する場合、その「発言」は当然、現経営陣にとって耳の痛い内容になるでしょう。つまり「発言」はその組織のリーダーたちを批判する内容となります。

さて、以上の事柄を国に当てはめてみます。

国の政治や経済がうまくいっていない場合、2つの選択肢が考えられます。ひとつはその国を「離脱」し、望ましい国に移住すること。もうひとつは、その国に留まり政権への批判を「発言」し、国を改善すること。

しかし、ハーシュマンも指摘していますが、ある国から「離脱」し、別の国へ移住することはかなり面倒です。よその国の居住権を獲得しなければなりませんし、その国で就職し、その国の言葉を習得することも必要になります。企業間の転職とは比較にならないほどハードルが高いと言えます。

というわけで、国の場合は「離脱」の可能性は少ない、とハーシュマンは述べています。つまり、**国の状態が悪くなると、人々は「離脱」よりも「発言」を選ぶだろう。**多くの人々は国を良くするために政権に抗議するだろうというわけです。

そして、ハーシュマンの定義によれば、このように「発言」する人たちこそが忠誠心を持つ人々だということになります。**国がうまくいかないときに、国のあり方を批判し**

**事態の改善を図る人々こそが愛国者だ**、というわけです。

## （3）沈黙しない忠誠心

ところが、そうした「発言」は、だいたい国の政治的リーダーにとって耳が痛い内容です。「発言」する人々は、国が誤った方向に行っていると考えるのですから、現政権に批判的になるのは当然です。

しかし、自分への批判はあまり聞きたくないのが人の常です。

仮にその批判が正論だと理解しても、自分がリーダーである以上は、自分の判断で行動したいという欲求にかられることもあるでしょう。あるいはそうした批判をまったく受け付けられない性格で、頭から間違いだと決めてかかるリーダーもいるかもしれません。その場合、そうした「発言」を黙らせようとすら試みるかもしれません。

実際に古今東西の様々な国——その中には太平洋戦争中の日本も含まれます——では、政権の批判をする人々が国によって逮捕・投獄されることもしばしばでした。

自分が所属する組織を改善しようと「発言」することは、道徳的に見れば望ましいことのように思えます。しかし、会社であれば「発言」する部下は上司から睨まれ、国であれば「発言」が弾圧を食らうことも少なくないのです。

日本が中国と戦争を始めたばかりの、1937年（昭和12年）のことです。東京帝国大学経済学部教授だった矢内原忠雄《やないはらただお》は、日本の好戦的な政策を批判する論文を発表し、講演活動を行いました。

矢内原は、国が誤った方向に進んでいるとき、それにただ流されるのではなく、過ちをしっかりと指摘し批判することこそが愛国的態度だと主張しました。矢内原が愛国者であることは、ハーシュマンの理論に照らしてみれば明らかです。

しかし、矢内原は政府だけでなく勤務先の同僚からも非難される羽目に陥り、結局、教授職を辞任するよう追い込まれてしまいました。ハーシュマンの理論どおり、不幸な結果になってしまったわけです。

このように、ハーシュマンの理論に沿って考えれば、「発言」する人こそが愛国者なのですが、まさにその愛国心がかえって国のリーダーたちに疎まれ、嫌われ、ひいては弾圧されることになるわけです。

こうなると愛国心を持つことは、損得だけを考えるなら、あまり利益が期待できる選択肢とは言えないようです。逆に言えば、愛国心を持つことは損害《コスト》につながりやすいので、むしろ「発言」などしない方がいい、という結論にすらなりかねません。

つまり、国が悪い方向に向かっているのに、それを指摘せずに黙っているという態度です。しかし、ハーシュマンによれば、沈黙する人は愛国者ではありません。

これは、通俗的な愛国心の理解とは少し食い違うのではないでしょうか？

**傾きつつある国でも、そのリーダーたちに素直に従う人々こそが、愛国心を持つ人々と見做《みな》されるのが日本の社会です。**潰れそうな企業の場合でも、経営方針の批判をしないで素直に服従する方が忠誠心があると、一般的には見做されがちです。

要は「長い物には巻かれろ」ということですね。

しかし、ハーシュマンの理論の重要なポイントは、**忠誠心を持つことはリーダーの言うことに何でも従うことではない**、ということです。

ハーシュマンによれば、忠誠心を抱く対象は、リーダーという個人ではなく組織、組織全体の利益なのです。組織の状態を良くするという共通の目標が、忠誠心の対象なのです。

このように考えると、レッスン2で紹介した〈共和主義的パトリオティズム〉とハーシュマンの主張が似通っていることに気付きます。

〈共和主義的パトリオティズム〉は、市民たち一人ひとりの自由（共通善）を守ることを目指します。つまり、**〈共和主義的パトリオティズム〉は、政権の座にあるリーダーたちではなく、共通善という政治的理想に忠誠を誓うのです。**ですから、その理想から外れたリーダーたちには批判の手を緩めることはありません。

国の指示に唯々諾々と従うのが愛国者なのか、国を良くするための目標に忠実であるのが愛国者なのか。答えはもうおわかりですよね。

## （4）日本人の「離脱」と「発言」

企業間の転職と違い、別の国へ移住する「離脱」は選択肢に入りにくい、というハーシュマンの指摘について先ほどお話をしました。

実際、今の日本人の間でも、永住することを目的に海外へ移住する例はそれほど多くないと思います。

しかし、それは日本国内における常識で、世界を見渡せば必ずしもそうではありません。日本に比べて欧米では、海外移住を現実的な選択肢に入れることがより一般的です。この点をちょっとお話ししておきましょう。

ハーシュマンが前提としたのは、所属する組織が危機的状況にある事態でした。国の場合であれば、国が破産寸前だとか、暴君の政治家に牛耳られてしまっているとか、そういった状況です。

このような危機的状況に国が陥ったと、一定数の人々が認識した例が最近の欧米であります。

２０１６年（平成28年）、アメリカ合衆国でドナルド・トランプが大統領に選出されたとき、私が住むニュージーランドの政府には数千人ものアメリカ人から移住についての問い合わせが殺到しました。「トランプが大統領を務める国には住みたくない」と考えたアメリカ人たちが、ニュージーランドへの移住を希望したわけです。

同様に、イギリスがEUを離脱することが決まった2016年の国民投票《レファレンダム》の結果を受け、1か月の間に3000人ものイギリス人がニュージーランドへの移住を希望したそうです。カナダやオーストラリアへも同様の問い合わせが殺到したのではないでしょうか。

一方、**日本では、愚かな人物が内閣総理大臣に選出されたから国外移住を希望した、なんて話は聞いたことがありません。**

こういうことを言うと、「アメリカやイギリスからニュージーランドへ移住するのは、話す言葉が同じ英語だから簡単だろう。日本の場合はそう簡単にいかないじゃないか」という反論があるかもしれません。

まあ、それはそのとおりでしょう。

しかし、20世紀の歴史をひもといてみれば、中国から日本へ亡命するケースはいくつもありました（孫文がいい例です）。英語圏ではないヨーロッパ諸国からアメリカへ移住する人も山ほどいました。特に、学者や芸術家にそうした例は極めて多いです。

評論家・加藤周一は、〝日本人は亡命を滅多にしない点で珍しい〟と『日本文化における時間と空間』（岩波書店、２００７年）で指摘しています。

どうやら〈日本人〉は、日本列島に住むのが当然で、日本の政治・経済・社会状態がどれほど酷くなっても国外に逃亡することを夢にも考えない人たちのようです。

トランプ政権誕生やイギリスのＥＵ離脱決定に際して、海外移住を希望した人たちのことを「大げさすぎる」と評する向きはあるかもしれません。

しかし、政治や社会が酷くなり始めると想像を絶するところまで酷くなることがあり得るのは、ナチスドイツのケースを見れば明らかです。もたもたしていると逃げ遅れる、と判断した人たちがいたのは決して不思議なことではありません。

むしろ奇妙なのは、〈日本人〉が日本という国と運命を共にする是非を疑ってもみないことの方です。本当にそれが良いことなのかどうか？　これは一考に値する問題です。

この問題は、かつて小松左京がその大ベストセラー小説『日本沈没』（光文社、1973年）で問いかけたものでした。

小説の末尾では、いよいよ日本列島が文字通り沈没してゆきパニック状態となりますが、そこで、日本列島が沈没する危機の予兆を発見した田所博士とある老人との対話が出てきます。田所博士は、こう言います。

「日本人というものは……この四つの島、この自然、この山や川、この森や草や生き物、町や村や、先人の住みのこした遺跡と一体なんです。日本人と、富士山や、日本アルプスや、利根川や、足摺岬は、同じものなんです。このデリケートな自然が……島が……破壊され、消え失せてしまえば……もう、日本人というものはなくなるのです」

こう述べて、田所博士は、自分が日本列島に「恋」をしていたこと、そしてその「恋」の相手としての日本列島と「心中」するつもりであるという心情を吐露します。

これに対し、「老人」はこう言います。

「日本人は……若い国民じゃな……」

「老人」は日本列島を「おふくろ」にたとえ、日本人は「おふくろ」に惚れる「幼児」だと述べます。そして、こう続けます。

「だが……生きて逃れたたくさんの日本民族はな……これからが試練じゃ……家は沈み、橋は焼かれたのじゃ……。外の世界の荒波を、もう帰る島もなしに、わたっていかねばならん……。いわばこれは、日本民族が、否応なしにおとなにならなければならないチャンスかもしれん……」

この「老人」の言葉に託して、小松左京は〈日本人〉にひとつの問題提起をしていると私は思いますが、ここで特に注目したいのは田所博士のセリフです。この博士の言葉に、小松左京は〈日本人〉一般の心情を代弁させています。つまり、〈日本人〉は国の状況がどれほど悪くなろうと「離脱」しない人々だ、ということです。

では、「離脱」のかわりに〈日本人〉が「発言」するのかというと、必ずしもそうではありません。先ほど矢内原忠雄の例を挙げましたが、戦時中の日本で政権批判は弾圧されましたが、「発言」した人自体それほど多くはなかったのです。結局、ほとんどの〈日本人〉は、政府の方針に従うことが愛国的だと考えたと言ってよいでしょう。

しかし、ハーシュマンによれば、「発言」しないことこそが愛国心を欠いた態度なのです。つまり、**ハーシュマンに沿って言えば、戦時中の日本にはほとんど愛国者がいなかったことになります。**

「離脱」もせず「発言」もしない。これが国が間違った方向に進んでいると考えられるときに採るべき選択かどうか？

これは、〈日本人〉一人ひとりが考えるに値する問題です。多くの〈日本人〉がそうするからといって、それが正しい選択だという保証にはなりません。

## （５）ナチスドイツ下の「離脱」と「発言」

「離脱」することと「離脱」しないこと。

「発言」することと「発言」しないこと。

それぞれの道徳的意味をどう考えるべきか。ナチスドイツの例を見てみましょう。

ドイツにはベルリン・フィルハーモニー管弦楽団という名門オーケストラがあり、現在も世界最高のオーケストラという評価を得ています。ナチスドイツの時代にそのベルリン・フィルの常任指揮者だったのが、ヴィルヘルム・フルトヴェングラーでした。フルトヴェングラーは20世紀のもっとも偉大な指揮者のひとりとして、歴史的評価の高い人物です。

彼と同時代人で、20世紀を代表する指揮者のひとりにブルーノ・ワルターがいます。彼もフルトヴェングラーに劣らない名声を博していました。

さて、周知のように、ナチスはユダヤ人を迫害していましたので、ユダヤ人だったワルターはドイツを去り、戦時中からアメリカで活動するようになりました。ワルター以外にも、数多くのユダヤ人音楽家がアメリカへ逃げました。

一方、フルトヴェングラーはドイツに残り、音楽活動を継続しました。しかし、フルトヴェングラーも実はナチスを嫌っていて、ユダヤ人音楽家をナチスの手から守る努力もしていたのです。その意味で、フルトヴェングラーは、ドイツにあえて留まることでナチスに抵抗していたのでした。

ところがナチスにとっては、当時世界的名声を博していたフルトヴェングラーがドイツ国内で活動を続けることは、「広告塔」の役割を果たしてくれるので大変好都合でした。

ただし、ドイツの戦況が悪化してくると、フルトヴェングラーの抵抗がナチスにとって目障りになり、彼の立場も危うくなってきました。その結果、ナチスドイツ崩壊を目前にして、フルトヴェングラーも結局スイスに逃亡しました。

さて、ここで戦争が終結します。

戦後、シカゴ交響楽団からフルトヴェングラーが招聘《しょうへい》を受けた際、在米のユダヤ人音楽家たちは一斉に反対運動を起こしました。ドイツからアメリカに逃げたユダヤ人音楽家たちからすると、フルトヴェングラーはナチスの「広告塔」だったとしか思えなかったのです。

フルトヴェングラーの人柄をよく知るワルターは、その反対運動に加わりませんでした。しかし、そのワルターも、フルトヴェングラーの戦時中の活動には批判的だったようです。

さて、この事例をハーシュマン理論で考えてみましょう。

ワルターはドイツから「離脱」し、フルトヴェングラーはギリギリ最後まで留まって「発言」をした。そうすると、フルトヴェングラーはドイツに忠誠心を持っており、フルトヴェングラーこそがドイツの愛国者だったということになります。

実際、フルトヴェングラー自身は〝自分こそが真のドイツを守っている〟と確信していました。ナチスが政治の実権を握ろうとも、自分がドイツ音楽芸術の頂点にいる限り、自分が真のドイツを防衛しナチスに抗っている、と思っていたのです。

つまり、フルトヴェングラーが忠誠心を抱いた対象は、彼の考える「真のドイツ」「理想のドイツ」であって、ナチスの支配下にあった実際のドイツ国家ではありませんでした。しかし在米ユダヤ人音楽家たちにとっては、フルトヴェングラーはドイツに留まったことで、ナチスへの協力者であるかのように見えてしまったわけです。

これは「発言」という選択に伴うリスクです。しかも、前に説明したとおり、「発言」はその組織のリーダーたちから嫌われるものです。だからこそフルトヴェングラーも最終的には身の危険を感じ、スイスに逃亡しました。こうして見ると、フルトヴェングラーは貧乏くじばかり引いたように思われます。

あえてドイツに踏み留まり「発言」した結果、ナチスに目をつけられ、戦後はナチスの協力者だと非難される。これが、真のドイツを愛し守ろうとした結果です。

フルトヴェングラーの選択をどのように評価すべきかは、なかなか難しいところです。道徳は「意図」を問題にし、政治は「結果」を問題にします。その意味では、フルトヴェングラーの「意図」は道徳的に正しかった。しかし、その意図に基づく「結果」がどのように評価されるか、についてはあまりにも無頓着だった。したがって、フルトヴェングラーの「発言」は、道徳的には正しかったが、政治的には過ちを犯したというべきでしょう。

一方、ワルターは「離脱」しました。祖国ドイツに見切りをつけて、アメリカに逃げたわけですが、この決断をどう評価すべきでしょうか。

ワルターはユダヤ人だったので、ドイツ国内に留まれば相当の迫害を受けることは想像できました。なので、自己防衛のためにドイツに別れを告げたことになります。これを「ドイツへの忠誠心が足らない」「卑怯だ」「愛国者ではない」と非難できるでしょうか？

ワルターの場合、当時のドイツはもはや忠誠を誓うに値しないものでした。そして、自己防衛は道徳的に正当な理由です。

さらにドイツを去った結果、ワルターは音楽活動を問題なく継続できた点で「結果」も良かった。つまり、政治的にも「離脱」は正解だったと言えるでしょう。

ここで注目していただきたいのは、フルトヴェングラーとワルターの行動の分かれ目です。

フルトヴェングラーは、真のドイツという「理想」に忠誠心を抱いた。ワルターは、ドイツの「現実」がもはや忠誠に値しないと考えた。

**現実の国を理想に近づけるために愛国心を発揮するか、それとも国の現実を直視して愛国心を発揮するに値するかどうか決めるか。**

あなたはどちらがより重要な選択だと考えますか？

## （6）「不満があるなら日本から出て行け」

ワルターのように、生命の危機を伴う迫害から逃げる事態は例外的なケースです。しかし、たとえそれほどの危機でなくても、政治・経済・社会が著しく劣化したことで〈祖国〉に見切りをつけることはあり得ます。税金がべらぼうに高くなったり、個人の自由や権利が脅かされるようになれば逃げ出す選択もあり得るでしょう。

しかし、この「離脱」という選択を〈日本人〉はどうも嫌う傾向がある、と先ほど述べました。

これはつまり、国の現実を直視して愛国心を発揮するに値するかどうかを決めないということです。

なぜでしょうか？

この問題を考える上で、私には思い当たる節があります。

それは、〈日本人〉は日本に批判的な人々に対して**「日本に不満があるのなら出て行**

け」と言う傾向があることです。

これは、そう言うことによって相手を脅しているつもりなのです。「離脱」はもちろん、日本に批判的であること自体にやましいところがあるかのような印象を与える発言なのです。

たとえば「日本から出て行け」と言われて「オッケー、じゃあ出て行きます」とあなたが答えたとしたら、どのような結果になるでしょうか。相手はあなたを挑発し脅したつもりなので、アテがはずれて驚くでしょう。そして、おそらく怒り出すことでしょう。つまり、「日本から出て行け」と脅す人たちは、日本に盲目的な愛を抱いているのです。自分が崇拝している対象が「オッケー、じゃあ出て行きます」とすんなり言われる、取るに足らないものであるかのように扱われることは、とんでもない侮辱だと映るのです。

あなたにとって大切な肉親や、大好きな俳優・ミュージシャンが馬鹿にされたら腹が立つ。それと同じことです。しかし、人はなぜ自分の国に盲目的な愛の感情を抱き、崇拝してしまうのでしょうか？　ここで、国家とはどのような存在なのかについて少し考えてみましょう。

## （7）国家とはどのような存在なのか

アラスデア・マッキンタイアという有名な現代の政治哲学者は、現代国家について次のように書いています。少し難しいですが、日本語に訳すとこのようになります。

「近代国民国家は、どのような形態を取るにしても、危険で管理しきれない制度です。近代国民国家は、あるときは財やサービスの供給者として現れて、顧客に対して支出に見合った価値を提供しようとしますが、実際にそれを提供することは決してありません。またあるときは聖なる価値の貯蔵庫として現れ、人々に国家のために自分の生命を捧げるよう促します。……それはまるで、電話通信会社のために死ねと言われているようなものです」

——Alasdair MacIntyre, 'A Partial Response to My Critics', *After MacIntyre: Critical Perspectives on the Work of Alasdair MacIntyre*, eds. John Horton and Susan Mendus

（University of Notre Dame Press, 1994）

近代国民国家は「財やサービスの供給者」、つまり何らかのサービス・プロバイダーだと述べていることにご注目ください。

たしかに国家は公共事業として道路や港湾施設を造営したり、老人や障害者に福祉サービスを行ったり、犯罪者を捕まえ治安を維持するサービスを提供しています。そうしたサービスを受ける代わりに、住民は税金を納めているわけです。

ですが、マッキンタイアは、サービスへの対価として税金を納めたところで、あまり満足できるサービスは受けられないものだと皮肉っています。

さて、マッキンタイアの面白いところは、国家を単なるサービス・プロバイダーだけとは見ていないところです。つまり、近代国民国家はそれに加えて、「聖なる価値の貯蔵庫」で「人々に自分の生命を捧げるよう促す」存在でもあるというのです。

これを私なりに噛み砕いて説明すれば、**国家は「サービス・プロバイダー」だけでなく「神社」でもあり「ヤクザ」でもある**、ということです。

ヤクザとは、社会学者マックス・ウェーバーがかつて喝破したように、近代国民国家は正当な暴力を独占する存在だからです。だからこそ、警察官は警棒や拳銃を携帯し、国家は犯罪者を死刑にすることができるのです。しかし、暴力を行使する、という意味ではヤクザ組織と国家は変わりません。国家は、組のために体を張って戦う暴力団組員のように、国の存亡がかかる状況では国民に自分の命を捧げるよう要求してきます。

しかし、誰だって命は惜しいものです。いくら国家に促されても、国のために命を捧げるなんて、一体なぜそんなことが正当化されるのでしょうか。

そこで出てくるのが、国家の「神社」としての性格です。つまり国家は、神社と同様に国民にとってありがたいものであるということです。マッキンタイアは、このことを「聖なる価値の貯蔵庫」と表現しました。

たとえば、国旗は国家の聖なるシンボルで、ありがたいものです。だからこそ、自国の国旗を踏みつけにされたら腹立たしく感じるのです。

それは、江戸時代にキリシタンを識別した「踏み絵」と似ています。踏み絵に描かれた十字架上のキリストは、キリシタンでない者にとってはただの絵にすぎません。しかし、キリシタンにとってそれを踏みつけることは、神への冒涜《ぼうとく》であり、良心の呵責《かしゃく》なしにはできない行為でした。

　国旗を踏みにじり燃やす行為を許しがたいと思う感情は、踏み絵をめぐる感情と似ていることがおわかりいただけたでしょう。

　近代国家には、このように宗教団体とそっくりな側面があります。王政を打倒したフランス革命政府は、啓蒙主義の影響で特にキリスト教を敵視しましたが、宗教を追放しようとしたのではありません。代わりに「革命礼拝」と呼ばれる新しい宗教を作り上げ、市民にその宗教的儀礼に参加することを求めました。たとえば、「自由の木」に囲まれた「祖国の祭壇」が建立され、フランス国民の礼拝の対象となりました。つまり、人々が「ありがたい」と思うような宗教的なものが国家を統合するためには必要だということを革命家たちは知っていたのです。

　近代日本の場合、「神社」的役割を担っているのが天皇制です。戦後は象徴天皇制となり、特に平成の明仁天皇（現・上皇）が「国民とともに」あろうとしたことで国民との距離が縮まった印象があるかもしれません。しかし、天皇制が、日本という国家の宗教的な神聖性を保証する存在のひとつであり続けていることに変わりはないと思います。

こうした国家の「神社」的側面が極端な形で現れるのが、国のために自分の命を投げ出す行為です。特に戦争中は、国のために死ぬことが名誉なこととされ、戦死した兵士たちは様々な形で顕彰されます。英雄として追悼される戦没兵士たちは、キリスト教における殉教者たちと極めて似通った扱いを受けるのです。

殉教者とは、神への信仰のために自分の生命を捨てる人々のことです。江戸時代のキリシタン迫害に際しても、幕府の指示に逆らい、十字架上で刑死したキリシタンたちは、殉教者としてキリスト教会によって称賛され追悼されています。

こう考えると、国家が国のために生命を捧げる国民を称賛するのは、国家が正当な暴力を独占（ヤクザ組織）しているからだけでなく、宗教的な存在（神社）であることにも由来していることがわかります。

ところが、前述したように、国家はサービス・プロバイダーとしての性格も持っています。国民に様々なサービスを提供する組織でありつつ、実はその一方でヤクザが経営する神社でもあるのです。

その結果、サービス・プロバイダーなのに、時には顧客に向かって「組織（国）のために死ね。なぜならこの組織（国）は聖なるものだからだ」と主張するのです。そして、このことをマッキンタイアは「電話通信会社のために死ねと言われているようなものだ」と表現しているわけです。


このように国家を理解したときに、国を崇拝し盲目的に愛する人々は、国家の「神社」としての側面のみを重視していることがわかります。

神社は信者に殉教を求めますが、熱心な信者は喜んで自分の生命を差し出すでしょう。だから、国民はみなそうするべきだ、というわけです。

しかし、このような人々は、国家がサービス・プロバイダーとしてきちんと仕事をするべきだ、ということは重視しません。

先ほどのフルトヴェングラーとワルターの話を当てはめてみるとこうなります。フルトヴェングラーにとって、ドイツとは神社でした。しかし、ワルターにとってはサービス・プロバイダーでした。

ワルターは、ドイツが自分の安全な生活を保証してくれないと判断した時点で、サービス・プロバイダー失格だと見做したわけです。サービス・プロバイダーである以上、そのサービスの良し悪しについて顧客は冷静に判断すべきです。

こうした視点は、これまでお話ししてきた〈共和主義的パトリオティズム〉と整合的です。

〈共和主義的パトリオティズム〉の観点からすれば、共通善が実現している場所こそが〈祖国〉であり、その〈祖国〉にこだわることこそが重要でした。自分が生まれ育った国から共通善が奪われたなら、もはやその国は〈祖国〉ではありません。

17世紀フランスを代表するモラリスト、ラ・ブリュイエールは、その箴言《しんげん》集『カラクテール』の中でこう述べています。

「専制政治の中には祖国なんかない。他のものがそれに代わっている。即ち、利益、栄誉、帝王への忠勤」

**自国から自由が消えたなら、もはやそこは〈祖国〉ではない**のです。〈共和主義的パトリオティズム〉によれば、共通善を実現しているよその国を自分の〈祖国〉として「離脱」すればいいし、むしろそうするべきなのです。

以上の話をまとめると次のようになります。

ハーシュマンが明らかにしたように、共通善という理想的価値が徐々に失われつつある危機的状況において、共通善の再生のために「発言」することは愛国的です。しかし、共通善の再生がもはや困難と判断したときには、共通善を実現している他国へ「離脱」し、よその国で共通善の実現と発展に貢献することこそが愛国的なのです。

**国を神社としてでなくサービス・プロバイダーとして捉えることは、本家本元の共和主義的な愛国者に必要不可欠な視点なのです。**

## レッスン４

# 国をどのように誇りに思うべきか

## （１）イギリス人の誇りとドイツ人の誇り

もしみなさんが愛国者を自負するなら、日本を誇りに思っていると思います。日本の愛国者が日本を誇りに思うのは当然、そうお考えでしょう。

しかし、「誇りに思う」とは一体どういう状態のことなのでしょうか？

ある国民として自国を誇りに思う、その思い方は〈国民《ネイション》〉によって異なります。

この点に関して、社会学者ノルベルト・エリアスは、イギリス人とドイツ人を例にとり、とても面白い考察を行っています。

イギリス国民の誇りの感情とドイツ国民の誇りの感情は、ほとんど正反対と言ってよいほど異なっているというのです。

エリアスによれば、イギリス人の場合、イギリス国民としての誇りの感情が異常なほど安定しているといいます。イギリスは君主制国家から近代国民国家へと順調に成長を遂げたため、自国に対する自信が揺るぎのないものとなり、その自信がイギリス人の自尊心の基礎となりました。

しかも、イギリス人の考える「理想のイギリス人」は、現実より優れていますが、優れすぎていて実現不可能なものではありません。だからこそ、普段からイギリス人としての理想に照らし合わせて自分の行動を律することができ、そのように行動する自分に自尊心を抱くことができるわけです。

さらにもうひとつ、イギリス人の特徴として指摘できるのは、自分を笑い飛ばすゆとりです。これこそ自信の表れに他なりません。イギリス人は、自分たちがどのような国民であるかを客観的によく心得ています。理想には届かないが、ある程度いい線を行っているという、自信があるのです。だから、自分たちのことを面白おかしく話す心のゆとり、ユーモアがあります。さらに、他国民から自分たちの国民性を茶化されても、怒るどころか一緒になって笑うだけの懐の深さがあります。これも自信のなせる業です。

ところが、ドイツ人はこれと正反対の傾向があります。ドイツ人の誇りの感情は、かなり不安定です。エリアスによれば、ドイツ人の誇りの感情は厳粛で真剣なものです。ですから、ドイツ人としての誇りを他国人が茶化したら大変です。ドイツ人はたちまち烈火のごとく怒り出します。ドイツ人にはユーモアのセンスがないと言われる所以です。

ドイツ人の誇りの感情が、それほど厳粛で真剣なものになるのは、その誇りの感情を支える「理想のドイツ人」像が、とてつもなく崇高なものだからです。イギリス人の理想が手に届く範囲にあるのに対し、ドイツ人の理想はそう簡単には手が届かない。そんな立派な理想を目指すとなると、よほどの非日常的事態でないとそうした理想を実現できないことになります。その結果、戦争のような状況になると、ドイツ人は崇高なる理想に向かって命がけで邁進《まいしん》します。しかし、その一方で、理想が遠大すぎるので、普段の日常生活では「そんな理想にはかまっちゃおれない」とだらしなくなりがちだ、とエリアスは述べています。

このように、国民としての誇りの持ち方にはいろいろなタイプがあります。〈日本人〉の誇りの持ち方はどのようなものでしょうか？　イギリス型に近いのか、それともドイツ型に近いのか。

これは読者のみなさんが考えてみてください。

次にもうひとつ、誇りの感情について指摘しておきたいのは、誇りは単独で存在するものではなく、その他の様々な感情と結びついている、ということです。

たとえば自国のスポーツ選手が世界大会で活躍したり、自国の大学教授がノーベル賞を受賞したりすれば嬉しい気分になり、自分の国を誇らしく思うものでしょう。それと反対に、自国民がよその国で凶悪犯罪を犯したり、自国の政治家がマヌケな発言をして世界中から失笑されたりすれば、恥や怒りの感情を持つでしょう。

つまり、愛国心は自国を誇りに思うことですが、その**誇りの感情は、恥や喜び、怒りの感情と表裏一体なのです。誇りは、誇りだけで存在しているわけではないのです。**

実際、誇りの感情がその他の感情とどのように結びついているのかが、その国民の誇りの持ち方を決定しています。

先ほど、イギリス人の場合は他国人に茶化されても笑って済ませる心の余裕があるが、ドイツ人はムキになって怒るという、エリアスの説を紹介しました。つまり、イギリス人にとっての誇りとは「自分たちは完璧ではないけれど、まあそこそこ上手いことやれているさ」という自信と表裏一体なのです。だからこそ、よその国の人にからかわれても、「まったくそうだね、あっはっは」と笑い飛ばすことができるのです。

**自国のことを卑下する人間は愛国心を持っていない、というような単純な話ではありません。**誇りが自信の裏付けを持つか持たないか。ここが愛国心の持ち方を左右する分かれ目です。

## （２）自己欺瞞《ぎまん》のワナ

エリアスは、イギリス人と比較し、ドイツ人の自尊心や誇りの感情を批判的視点から論じました。しかし、読者のみなさんはエリアスに同調し、ドイツ人を批判して、いい気になってはいけません。

なぜなら、エリアス自身がドイツ人だからです。自分がドイツ人だからこそ、エリアスは自国民のあり方に冷徹な目を向けているのです。

ドイツ人の名誉のために付け加えれば、たとえばナチスの行った過去への真摯な反省は、日本における戦中の軍国主義・国家主義への反省の仕方とは比べ物にならないほど徹底したものでした。戦後ドイツ人のアイデンティティには、ナチスの犯した犯罪について向き合う態度が含まれていると言ってもよいでしょう。

それは、自国の歴史の汚点ばかりを強調し、自虐的になるという姿勢ではありません。自国民として誇らしく思うことと恥じ入らざるを得ないこと、どちらの真実も受け容れようとする態度です。どれほど不都合な真実でも、真実であるならば肯定する誇りの持ち方に他なりません。

ところが、これは人間の心理としてはなかなか難しいことなのです。

ダニエル・カーネマンという、ノーベル経済学賞を受賞した心理学者が述べていることですが、人間は自分が信じていることをさらに強く信じたいので、その証拠探しには躍起になります。しかし、自分が信じていることが間違っているかもしれないことを証明する証拠には見向きもしないのです。なぜなら、自分が信じていることを信じたいから。

このような心理状態は、自国に対する態度にも表れます。

〈日本人〉である以上、〈日本人〉に誇りを持ちたいのは心情としてわかります。ただ、日本と〈日本人〉に関するすべての事実が誇るに値するものであるわけはありません。誇りの感情は、恥や情けないという感情とセットでしか存在し得ないのですから。

が、それにもかかわらずカーネマンの主張によれば、私たちは「日本人なら日本に誇りを持つべきだ」という信念の正しさを証明する証拠には関心を持っても、それが間違っていることを証明する証拠にはほとんど関心を持たないのです。

その結果を一言で表すとすれば、**自己欺瞞**です。こうした自分を欺く心理は、思いの外、広く一般的に見受けられるものだとカーネマンは指摘しています。

自分の国を誇りに思うとは、いつでも無条件に自分の国を誇ることではありません。立派だと思えることに関しては素直に誇りに思ってよいでしょう。しかし、だからこそ批判に値する自国の過去の振る舞いや、自分の期待を裏切る行為を国がした場合には恥じ入るはずです。

つまり、誇りと恥の感覚はペアでしか存在しないのです。日本という国に関心を持たない人は、日本や他の〈日本人〉がどんな振る舞いをしようが無関心です。**あなたが日本という国や〈日本人〉であることに誇りを持つときに初めて、あるときは恥ずかしく思い、あるときは誇らしいと思うのです。**

読者のみなさんの中には、こういう意見を耳にしたことがある方がいると思います。

**「日本の歴史は、それを読んだ人が『日本人に生まれて良かった』と誇りを持てるものであるべきだ」**

こんな一面的で平板な誇りの感情は、単なる自惚《うぬぼ》れにしかすぎません。

誇りに思うためには、日本の良い部分を見つめて嬉しく思うだけでなく、過去の過ちを情けなく思う感情からも逃げないこと。それこそが歴史の真実に向き合う態度です。

## （３）ナショナリズムvs.歴史の真実

しかし、歴史の真実はナショナリズムと衝突することがしばしばです。19世紀フランスの思想家エルネスト・ルナンは、「国民とは何か」という有名な講演の中でこのように述べています。

「忘却すること、あるいは歴史に関して誤解することと言ってもいいと思いますが、そうしたことがネイション（国民）を創造する本質的因子なのです。だから、歴史学の進歩は往々にして国民性にとって危険です」（傍点、引用者）

〈国民《ネイション》〉は歴史を誤解することや忘却することで初めて形成される。歴史をありのまま理解することは〈国民《ネイション》〉の形成に妨げとなる、というわけです。

レッスン1でお話ししたように、18世紀末期頃に近代国家は〈国民《ネイション》〉意識を植え付けるために「国民の歴史」を作り上げました。

本当は、18世紀末まで一般庶民の間に〈国民《ネイション》〉としての意識はなかったので、18世紀以前の歴史が「国民の歴史」であるわけがないのにもかかわらず、です。

つまり、19世紀の歴史学は〈国民〉形成という政治的プロジェクトに関わっていたので、ナショナリズム的な色彩の強いものだったのです。

明治の日本も同様で、井上哲次郎のような哲学者は〈国民〉形成のための歴史学の重要性を強く主張しました。

〈国民〉形成のための歴史とは、国を代表する英雄たちや国が誇る立派な業績を綴っていく歴史です。このようにナショナリズム的な歴史は、国民としてのアイデンティティ形成を目的として執筆されるという点で、明確な政治意図を持っています。

そして「人々に自分の国の英雄や立派な業績を誇りに思わせる」ことが目的ですから、この目的に不都合な事柄は語ろうとしません。つまり、ルナンが指摘したとおり「忘却すること、あるいは歴史に関して誤解すること」によって描き出された歴史なのです。このような19世紀ナショナリズム的な歴史は、20世紀を経て今日まで傍流として存続しています。

これに対して、20世紀後半以降の現代歴史学の主流は、ナショナリズム的な歴史がある種の神話に成り果てていると批判します。そして、〈国民〉としての誇りやアイデンティティを持つ上で都合の悪い歴史の断面も描くことに努めます。

つまり、現代歴史学が描く〈国民〉の歴史は複雑なものです。〈国民〉にとって誇らしい業績だけなく、恥ずかしい事実も明らかにするのです。

先ほどルナンの言葉を紹介しましたが、歴史学の発展に貢献する現代の歴史研究者が記す書物は、たとえば日本国民としてのアイデンティティを育てたい人々にとっては危険なものなのです。

このように一口に歴史と言っても、19世紀ナショナリズム的な歴史と、現代歴史学における主流があり、その２つは根本的に性格が異なるものです。まず、この事実を知っておくことが重要です。

さて、一般読者やマスメディアは、歴史の真実とは必ず発見できるもので、歴史家はそれを語るものだと思っています。ところが、現代歴史学ではその点で意見が分かれているのです。つまり、どのような歴史叙述が過去の真実を語るのか、その条件をめぐって議論が割れているのです。

これは非常に哲学的な問題です。

単純化して、その一端を説明しましょう。

黒澤明監督の映画に『羅生門』という名作があります。

ある女性が林の中で暴行を受け、それを目撃した人々がその事件について次々と語ります。しかし、語り手によって話の内容が大きく異なっているので、結果的に事件の真相は何だったのかわからないまま映画は幕となります。

この映画から伝わってくるメッセージは、「同じ事件でも、観察者の立場によってその事件が持つ意味は異なってくる」。すなわち「事実」とは観察者の数だけ存在する。

これは『羅生門』効果（The Rashomon effect）という名で、欧米の人文学研究者の間で広く知られている事柄です。

さて、歴史の真実を探ろうとすれば、誰かの証言や書き残したものに頼るしかありません。しかし『羅生門』効果によると、どの証言も文書も、ある視点から解釈した結果にしかすぎないわけです。

さらに、その証拠をどのように解釈するのかも、歴史家の視点によって異なってくることになります。

過去の証言は、その証言者が色メガネで事実を見た結果です。そして、その証言をある歴史家が検討するとき、その歴史家も色メガネをかけているわけで、二重の色メガネの存在を前提にしなければいけないのです。

ある歴史的事件があったとして、その証拠一つひとつが色メガネで事実を見た結果であり、それを吟味する現代の歴史家も一人ひとり別の色メガネをかけている。こうして、たくさんの矛盾する証拠や、歴史家たちの対立する解釈が出てきます。それらを集めて吟味し、総合的かつ綿密に検討すれば「このあたりが真実に近い、と言ってしまってもいいラインなのではないか」という共通認識が少しずつ導き出されてきます。

このように、現代歴史学は過去の真実を確定するのに極めて慎重なのです。

ところが、一部の一般読者やマスメディアはこのような現代歴史学の慎重さをあまり評価しません。

「事実は見ればわかるじゃないか」

こう素朴に考える人々にとって、現代歴史学は複雑すぎて何が真実だかわかりにくいのです。

その点、ナショナリズム的な歴史は〈国民《ネイション》〉を正当化し、褒め称えるという明確な目的に沿って書かれています。ですから「日本の歴史はこうだ！」と断定します。

その結果、現代歴史学が描く歴史の方がむしろインチキじゃないか、と言わんばかりの主張がメディアで幅を利かせるようになりがちです。そして、**多くの人々が「日本国民の誇りを傷つける歴史は売国奴の謀略なのではないか？」と勘ぐり始める**わけです。

## （4）歴史学は有害なのか

それでは、現代歴史学の研究は〈日本人〉の誇りを傷つけるという意味で、百害あって一利なし、なのでしょうか？

いやいや、とんでもない。現代歴史学は、歴史の真理を追求することでそれ独自の使命を果たすのです。

ナショナリズム的な歴史は、日本への盲目的な愛を高めます。

しかし、現代歴史学の研究成果を読むことは、真理を追求する姿勢を持つという意味で、政治的にではなく倫理的に重要なことなのです。言い換えると、これは日本に「愛のまなざし」を向ける行為です。

政治的に有益であることと、倫理的に有意義であることは必ずしも一致しません。政治的に正しい選択は、倫理的な選択であるとは限りません。

誇り高き日本国民になることは、ナショナリズムの見地からすれば政治的に正しいことです。

しかし、その誇りが〈ルナンの言うところの〉歴史の忘却・誤解に基づくのであれば、それは「真理を真理として認める」という普遍的倫理に反することになります。**〈共和主義的パトリオティズム〉の見地から言えば、真理を追求することこそが愛国者として望ましいことなのです。**

ところが、〈日本人〉としての誇りを持たせる歴史（物語）を「真実」だと思い込み、現代歴史学の研究を、日本国民としての誇りに傷をつけるから「反日」だと非難する人々がいます。

自国の歴史の美点ばかりを数え上げるならば、ただの自画自賛です。そうではなく、自国の失敗や過ちの経験を学ぶことは、自分の国をさらに良い国にしたいという意識を生み出す源だ、と認識することが重要です。それを「自虐」と呼ぶのはまったくの的外れです。

誇りの感情が、自国の不正に恥じ入り怒る感情とセットになることで、初めて自分の国をより良くしたいという意欲が生まれるものです。**自国への誇りの感情は、時には都**

**合の悪い歴史的真理の前に恥じ入り、時には怒りに身を震わせることで、より倫理的に優れたものになるわけです。**

もちろん、恥や怒りの感情が重要だといっても、むやみやたらと日本に批判的になればいいというわけではありません。誇るべきところは誇り、ダメなものはダメとはっきりさせることが大切なのです。

それに、批判すべき事柄にもいろいろなレベルがあります。何でもかんでも批判していたら、きりがありません。日本について気にくわないことは手当たり次第に批判するなんて極端な態度は、それこそ自虐的です。

それでは、優先的に批判すべきなのはどのような事柄でしょうか？　次はこの点を考えてみましょう。

## （5）批判の作法

インターネットの普及した現代では、レストランにせよ、映画・音楽にせよ、誰でも評論家のようにコメントを公の場で発表できるようになりました。

まあ、発言の自由があることは結構なことです。

しかし、その一方で、他人の仕事に関する心ない言葉がSNS上に氾濫しているのも事実です。しかも、そうしたコメントは多くの場合、匿名でなされており、責任の所在が曖昧になっています。

公の場で他人の仕事を批判することは、そんなに気安く無責任な仕方で行うべきではないと思います。

本来、評論活動というものは、批評する対象に関して評論家自身の知識だけでなく見識をさらけ出すに等しいことなので、実は批評する本人にとっても危険な行為なのです。批評とは真剣勝負なのです。だから、評論するにあたっては、批評する相手に対するマナーとしても、自分が何者であるかを正々堂々と名乗るべきだと考えます。

それに、他人の仕事を批評することよりももっと優れた選択があります。

福沢諭吉は『学問のすゝめ』で述べています。

「人の仕事を見て心に不満足なりと思わば、みずからその事を執りてこれを試むべし」

他人の商売が拙いと思うなら、自らその商売をやってみるとよい。他人の著作を批評したいのであれば、自ら書物を著してみるべき。他人の仕事に嘴《くちばし》を挟みたいのであれば、試しに自分自身にその役割を課してみるべき、というわけです。

しかし、ひとつだけ、どんなときでも私たちが批判的に振る舞うことを躊躇《ため》らってはならない対象があります。

それは、権力を行使する人々です。**政治的・経済的に権力を持つ人たちは、批判の対象とならざるを得ません。**なぜなら、権力を持たない人々にはできないことをその政治的・経済的権限で可能にできる人々は、大きな責任を背負っているからです。

たとえば食事したレストランが気に入らなければ、その店へ二度と行かなければ済みます。つまらない書物を読んだら、その著者の本は二度と読まなければよいのです。レストランはあなたにそこで食事をするように強制しないし、著者はあなたに自作を読むことを強制することはできません。

しかし、政治権力は法律によって有無を言わさず、あなたから税金を徴収し、時にはあなたを刑務所に閉じ込めることができるのです。

経済権力そのものが法律を左右することはできませんが、実際のところ大企業は政府の意思決定に大きな影響を及ぼしています。しかも、大企業は中小企業に対して、事実上、大きな支配力を持っています。

このような強制力や社会全体への大きな影響力を持つ存在に対しては、私たちは常に批判的姿勢を保ち続けなければなりません。さもなければ、一人ひとりの自由をはじめとする共通善が脅かされるからです。

しかし、個人としての私たちはとても無力です。インターネットの発達で、ＳＮＳを通じて発言できるようになったとは言っても非力なことに変わりはありません。だからこそ、そのためにメディアが存在することを忘れてはいけません。報道機関の重要な役目は、力を持っている人たちを監視することです。

ところが、昨今ではマスメディアが「報道の中立性」という名目で権力批判をしないことが当たり前になっています。これほど甚だしい勘違いはありません。いや、勘違いどころかほとんど犯罪的な過ちです。

報道機関は、権力を持たない人々を代弁するためにあるのです。事実を客観的に報道するだけではなく、権力を持つ人々の仕事内容を、権力を持たない人々の立場から批判するためにあるのです。それをして初めて、報道機関は仕事を立派に成し遂げたということができます。

言うまでもありませんが、私は「報道機関は権力のやることすべてに反対するべきだ」と言っているのではありません。報道機関は自分たち自身が拠って立つ価値観を持ち、それに照らし合わせて良いものは良い、悪いものは悪いと公の場で表明する必要がある、と言っているのです。

そこで初めて、私たちはどの報道機関がどのような価値観を持っているのか、そしてその価値観にどれだけ忠実に仕事をしているのかを見定めることができるのです。

## （６）批判的愛国者のすすめ

結論をまとめるのにちょうどいいところまで話が来ました。

ここで、レッスン2で愛国心《パトリオティズム》についてお話ししたことを思い起こしてください。〈共和主義的パトリオティズム〉では、常に政治権力に対して批判的なまなざしを注ぐことが必要でした。政治権力は、必ずしも自由や平等などの普遍的価値のために仕事をするとは限りません。

政治権力の座にある人々も、様々な欲望にかられる普通の人間です。ですから、国民共通の政治理想（共通善）のためではなく、自分たちの利益のために権力を悪用することは大いにあり得ます。そうした可能性が常にあるから、**権力に対して批判的な態度をとることが愛国的なのです。**

つまり、国を愛するからこそ国を厳しく批判するのです。

このような考え方は、国をひたすら誇りに思うことが愛国的だと考える発想とは正反対です。実際、日本の政府を批判をする人々が「反日」というレッテルを貼られる場面を、みなさんもしばしば見かけたことがあるのではないでしょうか。

しかし、本来の愛国心から言えば、これが逆立ちした発想であることはもうおわかりでしょう。

日本を誇りに思うからこそ、日本という国には政治的理想を少しでも実現してもらいたいと思う。そのために常に自国の政府に批判的視線を向ける。これこそが愛国的態度なのです。

それは、レッスン2でお話しした「愛のまなざし」にも通じます。

自画自賛したがる「誇り」はただの自惚れ、溺愛感情です。**恥や怒りとセットになった「誇り」こそが「愛のまなざし」から生じる愛国心なのです。**

また、レッスン3でハーシュマンの忠誠心に関する理論を紹介しました。その中で、忠誠心を持つ人は、自分が所属する組織が危機にあるときに「離脱」ではなく「発言」するものだ、ということを説明しました。そして、「発言」は組織のリーダーに対する批判になることが多いことや、その結果、発言者はリーダーから疎まれやすいことも指摘しました。自国を誇りに思うからこそ、国の実態に批判的なまなざしを向けることは、ハーシュマンの忠誠心のあり方にも通じるのです。

つまり、伝統的な〈共和主義的パトリオティズム〉では、国を愛するとは批判的姿勢を持つことなのです。

レッスン5

# 愛すべき〈祖国〉とは何か

## （1）〈祖国〉の復習

ここまで読んでこられたみなさんには、愛国心を持つことは決して自然なことでも簡単なことでもないとご理解いただけたと思います。

国を「愛する」といっても、盲目的な溺愛ではダメだということ（レッスン2）。国に「忠誠心を抱く」といっても、リーダーの方針に従うだけではダメだということ（レッスン3）。国を「誇りに思う」といっても、自画自賛の自己欺瞞はもってのほかだということ（レッスン4）。

つまり、**愛国心には、適切な愛国心と不適切な愛国心がある。**このように言えると思います。

ここまでは愛国心を持つ際の態度、行為、感情の問題を扱ってきましたが、このレッスン5では愛する対象＝国そのものを吟味していきます。

まずは、これまでの復習です。

愛国心《パトリオティズム》の語源を探っていくと、2つの〈祖国《パトリア》〉がありました。

ひとつは、故郷の土地や人々を示す、自然的な〈祖国〉。

もうひとつは、共和主義的な共同体（国）を示す、市民的な〈祖国〉。

古代ローマの哲学者キケロにとっては、故郷としての〈祖国〉よりも共和政ローマの〈祖国〉の方がはるかに重要でした。後者の〈祖国〉のためには自分の生命を捧げるべきだ、とも言いました。

ところが、18世紀末以降、〈ナショナリズム的パトリオティズム〉という新しい愛国心が登場します。〈ナショナリズム的パトリオティズム〉は、自然的な〈祖国〉にこだわるので、〈祖国〉の文化、言語、歴史、国土やその景観が愛国心の対象になりました。こうして〈祖国《パトリア》〉＝ネイションという新しい考え方が生まれました。

ただし、今でもヨーロッパで愛国心《パトリオティズム》を論じる場合は、伝統的に〈祖国〉と言えばまず「市民的な〈祖国〉」を思い浮かべるものだ、ということを説明しました。

## （２）「日本」とは何か

さて、読者のみなさんにとっての愛国心を抱く〈祖国〉とは何ですか？

「日本に決まってるじゃないか」

確かにそのとおりですが、ではその「日本」とは何でしょうか？　「日本」と一言で言っても、その意味する内容は膨大です。

まず、日本は世界の中の「国家」のひとつです。そこには日本国政府があり、国内外の問題に取り組んでいます。つまり「日本」は政治的で法的な存在です。

が、それだけではありません。

日本はひとつらなりの「土地」でもあります。北海道、本州、四国、九州そして沖縄をはじめ数多くの島々から成り立っています。そうした島々には特有の自然環境・景観があります。

さらに、日本はひとつの「社会」でもあります。日本社会は、日本国籍を持つ〈日本人〉と短期滞在者や永住権を持つ外国人から構成されています。

そして、日本という島々に暮らす私たちの社会には長い歴史があり、その歴史の中で日本の「文化」が育まれてきました。その日本文化の中には、私たちの生活習慣のような身近なものもあれば、洗練された文学、芸術、思想なども含まれます。……といった具合に、「日本」という一言に盛り込む内容はいくらでも膨らませることができます。

そして、ここまで挙げた例はすべて〈ナショナリズム的パトリオティズム〉の考える〈祖国〉日本です。

そうではなくて〈共和主義的パトリオティズム〉に沿って考えるなら、〈祖国〉日本は何をおいてもまず「自由を中心とする共通善」と、その共通善を実現するための政治制度そのものを意味します。ところが、現代の日本では愛国心の対象としてこのような政治的価値や制度が思い浮かべられることは、まったくと言っていいほどありません。

このような〈祖国〉観しか持たない日本人にとって、国を愛することはどのような意味を持つのでしょうか？　この問題を少し考えていきたいと思います。

## （3）頭の中の「国境線」

最初に指摘したいのは、〈ナショナリズム的パトリオティズム〉は国境のウチとソトをはっきり区別します。

国境の内側で生まれ育つ人々は〈国民〉です。

その外側にいる人々は外国人です。

ナショナリズムは、愛国心教育を施すことで〈国民〉意識を作り上げました。また、自国民が誇りに思う「歴史」も作り上げました。さらに「国語」という共通言語も作りました。18世紀フランスであれば、オック語とかブルトン語とか、地方ごとに様々な言葉が話されていたのですが、そのかわりに全国共通のフランス語を話すよう指導したわけです。明治日本でも標準語としての〈日本語〉が作られ、学校で国語が教えられるようになりました。これらはすべて、国家が教育として社会に押し付けたことです。

その結果はどうでしょう。

私たちは、日本の歴史が特別に誇らしいもので、日本語が他よりも優れた言語であるように思います。日本こそが「美しい国」だと信じるようにもなります。しかし、同時に、日本とそれ以外の国の境界線（国境）に頭の中が強く縛られることになってしまいました。

**ナショナリズムの影響下にある私たちは、国境線がない世界地図を自分のものとすることが難しくなってしまっているのです。**

このことを考えるにあたって、夏目漱石『三四郎』（春陽堂、1909年）は興味深い作品です。

『三四郎』は、熊本の高校を卒業して東京の大学に入学した小川三四郎の青春を描く物語です。この小説の冒頭、三四郎が上京する列車の中で広田先生と出会うシーンがあります。そこで広田先生はこう言います。

「熊本より東京は広い。東京より日本は広い。……日本より頭の中の方が広いでしょう」

このあと続けて、広田先生は言います。

「囚われちゃ駄目だ。いくら日本のためを思ったって贔屓《ひいき》の引倒しになるばかりだ」

このように広田先生は、「日本」に束縛される思考を戒めています。しかし、ここで、なぜ広田先生の口を借りて漱石はこう言わなかったのでしょうか。

「熊本より東京は広い。東京より日本は広い。日本より世界は広い。世界より頭の中の方が広いでしょう」

日本よりも頭の中の方が広い、ということで、広田先生は三四郎に「日本という狭い世界を乗り越えること」を自覚させようとします。しかし、ここで「日本よりも広い世界よりも頭の中の方が広い」と言えなかったところに、作者・夏目漱石の実感がにじみ出ているのではないでしょうか。

イギリス留学を経て近代日本のあるべき姿について深く考察した漱石だからこそ、ナショナリズムが築き上げた「国境という見えない壁」を越える必要性を感じていたと思います。しかし、このシーンで「国境を越えた全世界よりも頭の中の方が広い」とまで言えなかったところに、ナショナリズムによって私たちの頭の中が徹頭徹尾制約を受けていることに、漱石が自覚的だったことが読み取れます。
それを夏目漱石という個人の限界と言ってしまうのは簡単ですが、そのような安易な論評で済ませられるほど、頭の中の国境線を取り払うことは誰にとっても簡単ではありません。ナショナリズムが頭の中の世界をどれほど縛って狭いものにしてしまうかを認識すればするほど、この「日本より頭の中の方が広いでしょう」という一節はずしりと重い意味を持ってくるのです。

ナショナリズムに囚われる以前、人は国境を越えることに深刻な意味を感じませんでした。もちろん自動車や飛行機のない時代のことですから、旅に出ること自体には危険が多かったに違いありませんが、国境の内側に思考を押し込めない**ナショナリズム**以前の人たちにとって、自分の国から外へ出て行くことは、心理的に大きな困難を伴うものではなかったのです。

**国外逃亡や亡命が当人にとって深刻な意味を持つようになったのは、18世紀以降の近代特有の問題なのです。**

そして、その亡命者が文学者である場合、問題はいっそう深刻になります。

文学者は言葉を自在に操ることが仕事です。通常、自在に操れる言葉とは母国語でしょう。何らかの理由で亡命や国外逃亡を余儀なくされるとき、逃亡先の言語が自分の母国語と同じであるとは限りません。仮に逃亡先の言語を話せるとしても、母国語と同程度にその言葉を操れるかどうかは難しいでしょう。さらに、その外国語がかなり達者だとしても、母国語で表現できるものとまったく同じ内容を別の言語で表現することはできません。それは毛筆で書くのと万年筆で書くのとでは、同じ言葉を書いても書かれた文字の視覚イメージが異なるのと似ています。

そうなると、文学者にとって、母国語を使って仕事をする環境が奪われることは死活問題です。

デイヴィッド・リーン監督の素晴らしい映画化作品でも知られる長編小説『ドクトル・ジバゴ』をご存じですか。

これは旧ソ連の作家ボリス・パステルナークの作品ですが、この小説は「ロシア革命に対して批判的である」とソ連政府に見做《みな》されました。

その一方で、この作品はソ連国外に持ち出され、まずイタリア語に翻訳され、世界的名声を得ました。そして、ついにはこの作品によってパステルナークのノーベル文学賞授賞が決定します。

しかし、パステルナークにとって授賞を承諾することは、ソ連からの亡命を覚悟しなければならないことでした。

この事態に苦悩したパステルナークは、当時のソ連の指導者フルシチョフにあてた嘆願書で次のように記しました。

「私は出生と、生活と、仕事によってロシアと結びついているのです。私は自分の運命をロシアと切り離してロシアの外に想像することができません。……私はノーベル文学賞を自発的に辞退する旨、スウェーデン・アカデミーに通知しました。自分の祖国の外に出るのは、私にとって死にも等しいことです」

――沼野充義『徹夜の塊〜亡命文学論』：作品社：２００２年

ここにはナショナリズムの時代に生きる作家の苦悩が率直に表現されています。ソ連〈祖国〉ロシア〉を去ることは、パステルナークにとって生命を絶たれるのに等しかったのです。

ナショナリズムの時代を生きる作家は、同国人に向かって、母国語で、その国の文化や歴史を前提とする小説を書かざるをえない宿命にあるからです。ナショナリズムの時代を生きる作家にとって、ハーシュマン言うところの「離脱」のリスクはとてつもなく深刻なのです。

このように〈ナショナリズム的パトリオティズム〉は、人々の頭の中を国境の内側に閉じ込めてしまいます。国境がない世界を想像することは、ナショナリズムの影響下にある私たちにとってはとてつもなく難しいことなのです。

## （4）伸縮可能な〈祖国〉

しかし、その一方で、21世紀初頭の現在では国境を越えた経済活動によって世界中が繋がり、いわゆるグローバリゼーションが進行中です。

よその国の人々がどのようなものの考え方をし、どのような価値観を持つのかを学ぶ重要性はますます大きくなっています。

このような時代に〈ナショナリズム的パトリオティズム〉にこだわるなら、自分の頭の中の世界をますます国境の内側に閉じ込めてしまうでしょう。

その点、〈共和主義的パトリオティズム〉はグローバリゼーションの時代と矛盾しません。

なぜなら〈共和主義的パトリオティズム〉にとっての〈祖国〉は、自由を中心とする普遍的な共通善とそれを実現する制度だからです。

そのような制度は国民国家として成立していますが、その制度が実現する価値そのものは普遍的で国境を越える性質を持っています。共通善は、ある国に特有のものではありません。その意味で、そもそも伝統的〈共和主義的パトリオティズム〉は、国境の内側に閉じこもる性格のものではないのです。

キケロは言いました。

**「どこであれ善き生がある土地が祖国である」**

これをナショナリズムの元祖のひとり、18世紀の思想家ルソーの言葉と比べてみてください。

**「祖国のあるところには善き生がある」**

同じことを言っているじゃないかって？　とんでもない。ふたりは正反対のことを主張しているのです。

キケロの考えでは、共和主義的な価値観が実現している土地であればどこでも〈祖国〉なのです。それは自分が生まれ育った国とは限りません。自分の国で自由が失われたなら、そこはもはや〈祖国〉ではないのです。よその国で自分が理想とする価値が実現しているなら、その場所が〈祖国〉なのです。

ところが、ルソーによると〈祖国〉（つまり自分の国）があって初めて彼の言う「善き生」が成り立つのです。自分の国がなければ自分にとって望ましい生活もあり得ないと。

しかし、その自分の国というものは、これまで説明してきたように、結局のところ国家ぐるみの教育で作り上げられたものです。**自分の国、というものはもともとそこにあるものではなく頭の中に作られた想像物なのです。**

こう並べてみると〈ナショナリズム的パトリオティズム〉が実に偏狭なものの見方だということがわかります。それに比べて〈共和主義的パトリオティズム〉は外側に向けて開かれています。自分の国という狭い領域をまず定めて、その中に立てこもるのではなく、普遍的な共通善を重視するのが〈共和主義的パトリオティズム〉の愛国心です。これなら外国で生活していても、その国で愛国的であることは可能です。〈ナショナリズム的パトリオティズム〉では、自分の生まれ育った国しか愛国心の対象にできません。しかし、**〈共和主義的パトリオティズム〉はあなたを世界に向けて開放するのです。**

レッスン6

# 愛国心の落とし穴とは何か

## （1）「やっぱり」の誘惑

〈日本人〉は「やっぱり」という言葉をしきりに口にしています。注意して他人の会話を聞くと、あなたも気付くはずです。

「やっぱり日本のご飯は美味しい」
「やっぱり東大生は頭がいい」
「やっぱり学校の授業はつまらない」

なぜこんなにも「やっぱり」を連発するのでしょうか？

「やっぱり（やはり）」を辞書で引くと、「予想どおりに」「期待どおりに」「他と同様に」といった定義が並んでいます。しかし、私はこれだけでは「やっぱり」の意味を言い尽くしていないと思います。たとえば、こんな例はどうでしょう。

「やっぱり日本はすごい」
「やっぱり日本人なら日本を愛するのが当たり前だ」

この場合、「やっぱり」を付けることで発言者は何を言おうとしているのでしょうか？

私の回答はこうです。

その発言者は聞き手に対して、

「私がこれから言うことは当然のことで、議論の余地のないことです」

と言いたいのです。

「当然ですが日本はすごい」

「当然ですが日本人なら日本を愛するのは当たり前だ」

後者はくどいですが、よほど「当然だ」ということを強調したいのでしょう。つまり「やっぱり」をよく口にする人は、「今から自分の言うことについて考えるのをやめてください、反対意見を持ち出さないでください」と周囲に呼び掛けている、ということです。

ですから、「やっぱり日本人なら日本を愛するのは当たり前だ」は、「日本人なら日本を愛するのは当然だ、ということを疑わないでください。これは当然ですから、あなたも賛成するに決まってますよね」ということを言っているのです。

〈日本人〉は「空気」に左右されて動くとよく言われます。

評論家・山本七平が『「空気」の研究』（文藝春秋、1977年）という有名な本を書いてから注目されるようになりましたが、現在でも空気が読めない人をバカにする風潮はそこかしこで見かけます。

その空気を作り出すマジック・ワードのひとつが「やっぱり」です。「やっぱり」が繰り返されると、そのことを疑えない空気が醸成されます。そして〈日本人〉の多くは反対意見を言えなくなるのです。

空気さえ作ってしまえば、「やっぱり」とされる意見は無敵です。ですから、私が言いたいことはひとつです。

**「やっぱり」を警戒してください。**

「やっぱり」を連発する人には簡単に同調せず、「ちょっと待てよ」と疑ってみることが大切です。なぜなら「やっぱり」と言う人は、自分の主張が正しいことを何も証明していないからです。「やっぱり」を付けることで「自分を疑ってはいけない、この意見には賛成しなければいけないよ」と言っているだけなのですから。

「やっぱり」を連発する人に「やっぱりって何？」と問い返すと、相手はムッとするでしょう。同意を求めたのに同意をもらうことができなかったのですから。

しかし、それが健全な状態なのです。

合理的に証明されない事柄は、ひとつの信念・信仰にすぎません。それが真理であるかどうかを証明せずに、誰もが空気に流されるなら日本という国はただの信仰集団になってしまいます。

## （2）儀礼の効用

「やっぱり」を連発することで、事実の検証なしに信仰のようなものが共有されてしまう事態についてご説明しました。次に、ある集団にひとつの信念・信仰を共有させ続けるために、その信念を各人が公に表明する仕組みが作られることをご説明します。

その仕組みとは、儀礼です。

たとえばアメリカでは、国歌斉唱や国旗掲揚のときに、直立して右手を胸に当てる仕草をしますよね？　こうした儀礼的振る舞いは、アメリカ国家への忠誠心を各人に体得させる効果があります。

儀礼に関しては、私自身、ちょっと面白い体験をしたことがあります。

２００３年（平成15年）、私はイタリアのローマへ向かい、中世キリスト教の神学者トマス・アクィナスに関する学会に参加しました。どういうわけか私のところにこの学会への招待状が届いたのです。

しかし、この学会、なんと当時のローマ法王ヨハネ・パウロ２世の主催で、学会終了後にローマ法王に謁見する機会も設けられているというのです。ヘンな学会だなと思いましたが、せっかく招待されたのだからと、私は出席することにしました。

学会初日の夕方、「ローマ市内の宮殿に集合」とのことだったので、立食パーティでもあるのだろうかと出かけました。ところが、会場には何百という椅子がずらりと並んでおり、出席者が着席し終えると、真っ赤な法衣を纏《まと》った枢機卿《すうききょう》たちが一列に並んで入場し、ステージ上に横並びに座りました。

そして、カトリックの礼拝の儀式が始まったのです。

私は信仰を持たない以上、礼拝することは良心に反しますから、その儀式に参加するフリをしませんでした。すると、ふと気がつくと、壇上の枢機卿のひとりがこちらをじっと睨《にら》んでいるのです。

そのときに気がつきました。このように**集団で行う儀礼は、異分子を発見するのに有効な方法なんだ**、と。全員が同じ身振りをしている中でひとりだけその身振りをしなければ、非常に目立つのです。

このときの私は枢機卿に睨まれただけで済みましたが、場合によってはもっと大変な事態になることもあります。

1891年（明治24年）、第一高等中学校の始業式で教育勅語の奉拝式が行われ、教員60人と生徒1200人が参加しました。校長代理による教育勅語の奉読に続いて、教員と生徒それぞれ数名がひとりずつ奉拝する儀式が行われました。

明治を代表するキリスト教思想家・内村鑑三は、この第一高等中学校の教員でした。

彼は、始業式で奉拝する役割を、式の直前に校長代理から命じられたそうです。

内村はクリスチャンなので、神以外のものに礼拝することはできません。しかし、彼がわからなかったのは、教育勅語に向かって奉拝することが「礼拝」にあたるかどうか？　ということでした。奉拝が「礼拝」にあたるなら、内村はこれを拒否せざるを得ない。「礼拝」にはあたらないなら、奉拝はやっても構わない。

考えの整理がつかない間に、内村の順番が来てしまいました。そこで、内村は壇上でちょっと頭を下げる、という中途半端な仕草をしてしまいました。

内村のこの身振りに、たちまち生徒たちの間から非難の声が上がりました。「不敬だ」「愛国的ではない」というのです。

これが内村鑑三不敬事件として、明治史では有名な事件です。

お辞儀の仕方ひとつで大騒動に発展し、結局、内村は退職に追い込まれてしまいました。

## （３）「自分たち」とそれ以外

さて、ここで注意していただきたいのは「内村鑑三を愛国的でないと判定したのは誰か？」という問題です。

そう、内村を糾弾したのは一部の生徒たちでした。

つまり、国家や権力を握っている政府ではないのです。

今もよく目にしますが、誰かを「反日だ」と非難しているのは、政府ではありません。一部の言論人が扇動し、その号令に群がる一般の人たちです。つまり、普通の日本人が「誰それは愛国的だ」「あいつは反日だ」というものの見方や言葉遣いをしているのです。

そして、誰かのことを「反日だ」と言う当人は、もちろん自分のことは愛国者だと思っていますから、その人の頭の中には愛国陣営vs.反日陣営、という図式ができていることになります。

要するに、**「自分たち」vs.「あいつら」という図式で世界を理解している**ということです。

そういう人たちは、世の中には「自分たち（愛国）」と「あいつら（反日）」の2種類の人間しかいないかのように物事を単純化します。そして「自分たち」が正しさを独占します。

「自分たち」が言うことはすべて正しくて、「あいつら」の言うことはすべて間違っている。こうなると「どの意見が正しいか」ではなく「誰の意見なのか」という話になってきます。意見それ自体が正しいのか間違っているのかが議論の対象とならずに**「それは反日の意見だから間違っている」**というような理屈になります。

本当は、誰の心の中にも「自分たち」と「あいつら」がいて、100パーセント「自分たち」な人も100パーセント「あいつら」な人もいない、が正しい認識ですが、こういうことが通じない頭の中になってしまうんですね。

## （4）民衆扇動《デマゴギー》の見分け方

パトリシア・ロバーツ＝ミラーというアメリカの研究者曰く、このように「自分たち」vs.「あいつら」という図式で論じる言葉遣い（レトリック）が民衆扇動（demagoguery）です。

デマという言葉のもとになったデマゴギーというドイツ語は、「理性的議論ではなく、感情論や偏見に基づく議論で民衆の支持を取り付ける政治」を指します。そして、そのような政治指導者のことは民衆扇動家《デマゴーグ》と言います。ヒトラーやムッソリーニがその典型例です。

民衆扇動家《デマゴーグ》が政治的指導者になると、その結果として民衆扇動《デマゴギー》が生じると言われます。しかし、この説明だと、そもそもなぜ民衆扇動家《デマゴーグ》が出現するのか、が明らかにされていません。

民衆扇動家《デマゴーグ》がなぜ政治的指導者になれたかというと、民衆の支持を得たからですよね。そう考えると、まず一番最初に、民衆の間に民衆扇動家《デマゴーグ》を待望する空気が生まれ、その結果として民衆扇動家《デマゴーグ》が指導者になり、民衆扇動《デマゴギー》が始まる。という順番になります。

つまり、**まず民衆の間に民衆扇動家《デマゴーグ》をリーダーに待望する素地が生まれ、多くの人々が民衆扇動《デマゴギー》的な言葉遣いやものの見方をするようになり、その結果として民衆扇動家《デマゴーグ》がリーダーになるのです。**

ロバーツ＝ミラーの解説によると、民衆扇動的な言葉遣いやものの見方の特徴はいろいろありますが、以下の４点が特に重要です。

- **物事を論じる際に「自分たち」vs.「あいつら」という図式を用いること。**
- **真実は単純で、簡単に把握できると主張すること。**
- **個人的な確信や信念を強調すること。**
- **「自分たち」は脅威にさらされていて、「あいつら」の犠牲者だと主張すること。**

おわかりのとおり、これは愛国者を自称し、「反日」やら「非国民」やらというレトリックを使う人たちの傾向そのものです。

「お母さんが子供や家族を愛するように、国を愛することは自然なことだと思います」

「本来、愛国の定義はとても単純なことなんです。それは自分が生まれ育った場所を好きだと思うことです」

「私にとって国を愛する気持ちは、ごく当たり前の、自然なことなのです」

どれも愛国心とは単純なことであり、愛国心を持つことは自然なことだと断定しています。これらは個人的な確信・信念の表明ですから、「本当にそうなのか？」という検証の対象にはなりません。そして、このような場合に日本語でよく登場するのが「やっぱり」という言葉なのです。

「日本ほど素晴らしい歴史を持っている国はありません」

「日本は素晴らしい国だと心から感じます」

こういう断定は一種の信仰告白ですので、どちらのセンテンスも冒頭に「やっぱり」

を付けるとしっくりきます。

さらに、こうした信仰告白は、脅威の存在を指摘して人々の共感を誘います。たとえばこんな具合です。

「当たり前」で「自然」で「単純」なはずの愛国心に目覚めると右傾化と呼ばれ、批判される。しかし、日本を愛せない人たちだらけになってしまったら、日本は将来滅びてしまうのではないか。

このように「あいつら（反日）」のせいで「自分たち」だけでなく日本全体が犠牲になるかもしれない、という物言いもよく見かけます。こうして「あいつら」に対する執《しつ》拗《よう》な攻撃と非難を展開するのです。

このレトリックは、民衆扇動《デマゴギー》そのものです。

ここで念のために言っておきますが、民衆扇動《デマゴギー》は特定の政治的立場に限って発生するものではありません。

これまで挙げてきた例はすべて、いわゆる保守を自称する人たちによく見られる言葉遣いです。しかし、保守と正反対の立場、いわゆるリベラル派でも「自分たち」vs.「あいつら」という図式の言葉遣いを始めれば、それもやはり民衆扇動《デマゴギー》のレトリックです。

こうした民衆扇動《デマゴギー》は、「自分たち」と違う「あいつら」陣営への憎悪をかきたてます。そうすることで「自分たち」への忠誠心を要求するのです。その要求に応えなければ、あなたも「あいつら」だと見做《みな》されてしまいます。「自分たち」とも「あいつら」とも異なる、独立した第三の意見はこの図式の中で存在を認めてもらえないのです。

このように、両方の立場から民衆扇動《デマゴギー》の物言いが広まれば広まるほど、民衆扇動家《デマゴーグ》が政治的指導者になる危険が増すのです。それこそがデモクラシーにとって最大の脅威だとロバーツ＝ミラーは警告しています。

## （5）個人主義的愛国心

自分にとって「反日」と思われる人々を敵と想定し、自分を含む愛国的な人々を「自分たち」と確定すること。このような「自分たち」グループへのアイデンティティに囚われると、気付かないうちに言動が民衆扇動的《デマゴギー》になっていきます。

これが愛国の落とし穴です。

その意味では、ナショナリズムには民衆扇動《デマゴギー》に傾きやすい傾向があると言ってもいいでしょう。

なぜなら、ナショナリズムは〈国民《ネイション》〉という「自分たち」のアイデンティティにこだわる思想だからです。こうしたアイデンティティに基づく忠誠心は、〈国民〉（＝自分たち）に敵対する集団があるとさらに強くなります。

よその国が「あいつら」になることもあるでしょう。あるいは自国民の中で政治的主張が異なる人々を「あいつら」と見做すこともあるかもしれません。

いずれにせよ「自分たち」と違う集団を「あいつら」と敵視し、憎悪の言葉を向けたとき、その人は民衆扇動《デマゴギー》への第一歩を踏み出したことになります。

その意味で、〈ナショナリズム的パトリオティズム〉は潜在的に民衆扇動《デマゴギー》に加担する危険を孕《はら》んでいます。なぜなら〈ナショナリズム的パトリオティズム〉が抱えているのは〈国民《ネイション》〉という集団意識だからです。

別の言い方をすれば、ひとりではナショナリストになることはできません。ナショナリストになるためには誰かと群れることが必須なのです。

一方、〈共和主義的パトリオティズム〉は、共通善の実現にこだわる思想です。この場合も、共通善にこだわるという点では、ある集団が存在すること、そして、自分がその集団に関わっていることが前提です。

しかし〈共和主義的パトリオティズム〉の場合、その共通善の実現に向けて頑張ることは自分ひとりでもできます。

他の人たちは自分の利益だけを追求している、しかし自分は国全体の利益のために自分を犠牲にしても働くのだ。こう考えるなら、孤立しても自分ひとりだけで共和主義的愛国者でいることは可能です。

ここが〈ナショナリズム的パトリオティズム〉と〈共和主義的パトリオティズム〉の決定的な分かれ目です。

つまり、**ナショナリズム的な意味での愛国は、「自分たち」の一員にならなければな**

**らない。一方、共和主義的な意味での愛国は、自分ひとりだけでも可能。**

これです。これが〈共和主義的パトリオティズム〉の態度です。

だから英語の「パトリオット」という言葉には「独立した個人としての愛国者」という意味合いが強いのです。アメリカにパトリオットという名前のミサイルがありますが、これは一つひとつのミサイルが愛国者《パトリオット》なのです。このミサイルにナショナリストという名前がつかなかったのは、ナショナリストには集団を成しているイメージがあって、一つひとつのミサイルの英雄的な力強さを表現できなかったからだと思います。

同じ「愛国」の立場でも、〈ナショナリズム的パトリオティズム〉が集団を重視するのに対し、〈共和主義的パトリオティズム〉は個人の態度であり、個人の意志なのです。周りの空気に流され、他の「自分たち」がそうするから自分もそうする、ではありません。

個人の態度と意志を貫くことで初めて、愛国心の落とし穴を避けることができるのです。

レッスン７

# 愛国者の覚悟とは何か

## （1）他人はともかく自分は

ここまで、日本を愛することは「自然だ」とか「当然の義務だ」といった思い込みが、まったく根拠のないことを見てきました。

愛国心を持つべきかどうかは道徳的な問題で、かつ政治的な問題でもあります。**愛国心とは、無条件に正当だとは言い切れないものなのです。**

それにもかかわらず、「愛国的＝道徳的に決まっている、そうでない日本人は反日だ」というような物言いをするのは、その人たちが〈ナショナリズム的パトリオティズム〉に囚われているからで、本流の〈共和主義的パトリオティズム〉で言えば、自分が愛国的かどうかは各人の決断に任されます。それなのに、他人に対して「愛国心を持つことは当然だ」と主張するなら、それは民衆扇動《デマゴギー》の性格を帯びる可能性があることも、レッスン6で指摘しました。

民衆扇動《デマゴギー》のレトリックが人々の間に広まれば広まるほど、民衆扇動家《デマゴーグ》の登場を許すことになってしまいます。これもまた〈ナショナリズム的パトリオティズム〉の持つ危険な側面です。

〈ナショナリズム的パトリオティズム〉と「集団の一員であること」は、切っても切れない関係です。

たとえば日本の愛国者《ナショナリスト》にとっては日本〈国民《ネイション》〉という集団の一員であることが重要ですから、仮にひとりぼっちで「自分はナショナリストだ」と宣言したら頓珍漢なことになります。

ところが、〈共和主義的パトリオティズム〉では、集団に所属することはそれほど重要ではありません。もちろん人間は誰でも集団の中で生きていますが、その集団の他のメンバーがどのように考え、どのように行動しようとも、自分ひとりだけでも集団全体の利益に貢献しようとするのが、本来の意味での愛国者《パトリオット》なのです。

他の人がどうであれ自分はどう考えるか、に忠実であること。周り全員が自分の利益を追求していても、自分だけは全体の利益のために犠牲になる覚悟。

このことを考えるとき、私には思い出されることがあります。

1990年代最後の3年間、私はケンブリッジ大学でリサーチ・フェローを務めていたので、イギリス南部のケンブリッジに住んでいました。その頃のことです。イングランド北部に住むイギリス人の友人が私の自宅まで訪ねてきたことがありました。この友人は敬虔《けいけん》なカトリックで、日曜の朝に一緒に市内のカトリック教会に行こうと誘われました。

私はクリスチャンではないので渋ったのですが、「礼拝に参加しなくても誰も咎《とが》めないから、一緒に行こう」と言われたので、ついて行くことにしました。

教会では聖職者が礼拝を司り、一般信徒たちが賛美歌を歌ったり説教を聞いたりしていましたが、そのうちに信仰箇条を全員で口を揃え唱え始めました。その場にいた全員が起立し、「天地の創造主、全能の神である父を信じます。父のひとり子、私たちの主イエス・キリストを信じます」といった具合に、一斉に宣言するのです。

このとき、私はその迫力に打ちのめされました。

信仰箇条を日本語にしてしまうとピンときませんが、それは英語でこう始まりました。

「I believe in one God, the Father Almighty…」

ここで注目していただきたいのは、I believe であって、We believe ではない点です。全員で口を揃えて唱えるのですから、We believe でもよさそうに思えますがそうではありません。実際、信仰箇条をラテン語ではクレドと言いますが、これは「私は信じます」という意味です。

大勢の人々が一斉に「私は信じます」と言ったのです。

これは凄い迫力でした。なぜなら、その場にいた一人ひとりにとって、自分以外の人たちが信じるかどうかは関係ないのです。他の人がどうしようとも「私は信じます」。すごい意志の力の表明だと思いませんか？

これとまったく同じことが、愛国心についても言えます。

〈共和主義的パトリオティズム〉では、愛国的であるかどうかは各人がそれぞれ決めればいいことです。**他人はともかく自分が「自分は愛国的であるべきだ」と信じるのなら、それはそれだけでいいのです。**

ただし、そのときには「なぜ愛国的であるべきだと思うのか」を、きちんと他人に説明できることが必要となります。自分が愛国的なのは盲目的に日本を溺愛しているからではなく、日本はこういう意味で忠誠心に値する国だ、という道徳的判断の根拠をよその国の人々にも堂々と主張できなければなりません。

「日本人だから日本を愛するのは当然だ」は、道徳的根拠になりません。それは他の〈日本人〉たちに寄りかかった発想です。それは〈ナショナリズム的パトリオティズム〉の論理です。

さらに、日本を愛することを他の〈日本人〉にまで押しつけて回るなら、それはナショナリズムの論理そのものです。国を愛するということは、他人がどうするかはともかくとして、あなたが一個人として、その国を愛したり、その国に忠誠を誓ったり、その国のために死ぬことを意味します。それは一人ひとりの決断であって、みんなで一緒にやるようなことではありません。

一人ひとりの決断に任されるのですから、他人がどうしようとあなたがとやかく言う必要のないことですし、あなたがどうしようと他人からとやかく言われるべきことでもないのです。

## （２）再び、畠山勇子について

本書の冒頭で論じた畠山勇子こそ、このように自分ひとりの決断で行動した愛国者の典型でした。

勇子は、大津事件という日本の危機（と彼女が思い込んだ事態）に際して、天皇と日本国民のために自らを生贄《いけにえ》として捧げました。

ロシア皇太子に斬りかかった津田三蔵の罪を、勇子はひとりで代わりに引き受けたのです。そうすることで天皇と日本国民にその罪が及ぶのを防ごうとしたわけです。

これは、自分を超える存在への献身です。しかも、彼女は誰も敵視せず、誰に危害を加えたわけでもありませんでした。敵と見做《みな》したグループの人々を無差別に殺傷する自爆テロリストとは大違いです。

さらに、他の人たちと一緒に自決したわけでなく、人知れず自分の信じる行為を決行しました。その際に誰かを巻き込んだわけでもなく、自分の愛国心を喧伝《けんでん》したわけでもありません。

勇子は、自分の亡骸を葬るために必要なお金を財布に用意していました。自らの死後の後始末への配慮も怠らなかったのです。

畠山勇子の自決には、愛国的行動のひとつの純粋なモデルが示されているように思われます。しかも、その行為は津田三蔵と、ひいては天皇と日本国民全体の罪を贖《あがな》うものであり、誤解を恐れずに言えば、キリストの十字架上の死に似たところがあると言ってもよいかもしれません。

もちろんキリストの死は人類全体の罪を贖うものであるのに対し、畠山勇子の死は天皇と日本国民の罪を贖うものでしかない点に、愛国的な自己犠牲の限界は明らかです。

それはともかくとして、**畠山勇子の最期から、愛国的であることは強靭な意志を必要とすることがよくわかります。**

あなたにはそのような意志を持つ覚悟がありますか？

## （３）「日本人で良かった」？

最近、**「自分は日本人で良かった」**という妙な物言いを耳にする機会が多くなりました。特に外国で食事が口に合わなかったり、日本より日常生活が不便だとこのように口にする傾向があるようです。

これってバカバカしいことだと思いませんか？

〈日本人〉が日本の食生活や日常生活を快適だと思うのは当然です。なぜなら、それに慣れているからです。不慣れな生活を経験して不便に思うのも当然のことです。

私は、高校時代に１週間アメリカでホームステイしたことがありますが、とにかく食べ物に苦しみました。慣れないものばかりで、何を食べても不味かった。

朝食のときにホームステイ先では、日本で見覚えのあるコーンフレークとは似ても似つかない、鳥の巣みたいなシリアルにミルクをかけて食べていました。いかにも不味そうなので「何か他のものはありませんか？」と下手な英語で尋ねたところ、わざわざ私のために朝食をこしらえてくれました。

ところが、目の前に出てきたのは嘔吐物みたいなものだったので、すっかり気分が悪くなりました。今から考えると、それはオートミールだったのですが、それまで見たこともなければ食べたこともなかったもので、本当に辛かった。

今ではすっかり慣れて、オートミールはむしろ好物のひとつになっていますが、私自身の例からもわかるように、生活習慣の違いは慣れてしまえば自然と解決できます。

さらに、「日本人で良かった」のバカバカしさはこれに尽きるものではありません。そういう感想を漏らすのは決まって、自分が日本国内にいて、日本特有の何かを経験して愉快に思っているときです。

しかし、自分が〈日本人〉であることを引き受けるかどうかが試されるのは、あなたが〈日本人〉であることで不愉快な思いを経験しなければならない場面です。

20世紀フランスを代表する映画監督ルイ・マルの『ルシアンの青春』という名作があ

ります。第2次世界大戦中、ドイツ占領下にあったフランスで、無学なフランス人青年がナチスドイツに協力する姿を描いています。その青年が好意を寄せた若い女性は、皮肉にもユダヤ人でした。この女性は、ドイツに協力的なフランス人たちから露骨に差別され、映画の中で「自分がユダヤ人なのはうんざりだ！」と叫びます。

いつか将来、〈日本人〉であることでこんな事態に直面することがあったとして、それでも「日本人で良かった」とあなたは言えますか？

そもそも〈日本人〉として生まれ、育てられた以上、あなたも私も〈日本人〉以外ではあり得ないのです。これはまったくどうすることもできない宿命です。

自分では選択できない宿命によって苦悩する事態に陥ったとき、初めてその宿命への愛の深さが試されるのです。たかだか生活の便利さや食事ごときで「日本人で良かった」と口にすることは、バカバカしいをはるかに通り越して精神的に弛緩《しかん》し切った状態だと言わざるを得ません。

## （４）日本人に冷たい日本人たち

「日本人で良かった」に殊更に目くじらを立てる私を、大人気ないと言う人たちがいることはわかっています。

しかし、こういう些細なところにも、多くの〈日本人〉が日本という国に対して甘えた見方をしていることがよく表れていると思うのです。

たしかに日本の食事は美味しいし、日常生活は便利です。でも、もう少し日本という国の根本について考えてみませんか？

〈日本人〉であるということには、「日本国籍を有することで日本という国家および時の政府の保護を受ける人々である」という意味があります。国家や政府が提供すべき、もっとも基本的かつ重要なサービスは「国民の安全を守ること」です。この点において、あなたは「日本人で良かった」と言えますか？　日本という国家は優れていますか？

歴史的に見るなら、日本の政治的指導者たちは「住民を保護する」という考え方が希薄です。

武家の時代、日本の庶民は城下町に住んでいました。城壁の外に商人や職人たちは住んでいたのです。これに対し、中世ヨーロッパの都市では、人々は都市の城壁の内側に住んでいました。

つまり日本では、いったん戦争になると城壁の外に住む人々は逃げまどうより術がなかったのです。このような意識の差は、太平洋戦争の日本敗戦時に決定的な形で表れました。

戦時中、日本の植民地だった満州や樺太に住んでいた日本人は、敗戦に際して政府の保護をまったく受けることができず難民となりました。

私の父もそうした満州難民のひとりでした。敗戦当時、10歳だった父は、両親（私の祖父は満州関東局の官吏でした）と兄弟4人とともに関東軍の命令に従って現在の北朝鮮の平壌へ「疎開」した結果、敗戦とともに強制収容所に入れられました。

支給される食料だけでは餓死してしまうような酷い環境だったそうです。実際、厳しい寒さと栄養失調で最年少の妹が病を得て命を落としました。長男だったとはいえまだ10歳だった父は、大人に比べれば身体が小さかったので、夜になると収容所を抜け出し、朝鮮人たちと交渉して所持品と食料を交換し、看守の目につかぬように収容所に戻ることを繰り返していたそうです。

ある日、収容所から一家揃って脱出し、朝鮮半島の山の中を徒歩で彷徨《さまよ》ったのち、一家は連合軍の難民キャンプに逃げ込みました。ようやく釜山までたどり着き、日本本土へ向けて乗船することができたのですが、日本人ばかりの船中も安心できる環境ではありませんでした。夜になると、金目のものを持っている人は襲われ、金品を奪われた上で海へと放り込まれたそうです。

私の父たちだけでなく、多くの一般庶民がこのように生死の境を彷徨う目に遭いました。その一方で、植民地にいた政府高官の中には、敗戦の前にさっさと内地に引き揚げていた連中も少なくなかったのです。

引揚者たちの悲惨な体験を描いた古典的作品として有名なのは、藤原てい『流れる星は生きている』（日比谷出版社、１９４９年）です。映画作品としては、若尾文子のデビュー作として知られる『死の街を脱れて』も興味深いものです。

引揚者たちの経験は、最近ようやくテレビの特集番組でも扱われ、書物としても出版されるようになりました。しかし、なぜ引揚者の歴史はこれまであまり語られなかったのでしょうか？

それは、経験の壮絶さが言語を絶するものだったからです。

そのあまりの悲惨さのために、引揚者の多くはその体験を語ろうとしませんでした。口に出して言うことはおろか、思い出すだけでもおぞましい経験というものがあるのです。こうした事情もあって、私たちが接することのできる引揚者についての資料は少ないのです。


日本政府と〈日本人〉が同胞を粗末にして顧みないのは、現在も同様です。

昨今、ジャーナリストが世界の紛争地域に取材に出かけ、トラブルに巻き込まれる事件がしばしば起きています。その場合、国が外交ルートを使って救出しなければ、一体誰が助けてくれるというのでしょうか？　国家は、その国家に属する〈国民〉の生命を守るために存在しているのです。その国家が負うべき責任は、〈国民〉が国外にいる場合も変わりません。そのために在外公館があるのです。

しかし、日本の世論では、危険地域に出かけた日本国民がトラブルに巻き込まれると「自己責任だ」と非難の対象になることがよくあります。言うまでもありませんが、これは本末転倒です。国外にいる日本国民がトラブルに巻き込まれた際、日本政府が救援活動に努めるのは当然の責務です。

〈日本人〉の間に国家の役割についての初歩的な無理解が蔓延《はびこ》っている結果、自国民を蔑《ないがし》ろにする政治文化が現在も続いているのです。

日本とは対照的に、外国政府が日本人に対して冷たい処遇をしてもその国の人々が日本人を助けようとする例もあります。

フランスの南西部、スペイン国境に近い地域で、日本人夫妻が葡萄畑を購入し、ワインの醸造を始めたところ、そのワインの品質の高さにフランス人が舌を巻き、高級レストランからの注文が相次いだそうです。

ところが2018年（平成30年）、フランス移民局はこのワイナリーを経営する日本人夫妻に対し、ビジネスの収益額が国内滞在許可の条件を満たさないとして、国外退去命令を出したのです。

このフランス政府による処遇に異議申し立てをしたのは、当のフランス国民たちでした。これだけ素晴らしいワインを生み出している日本人を国外退去にするとは「正気とは思えない、恥ずべき決定だ」と、当局の決定に反対する署名運動を展開しました。その結果、5万人以上もの人々が署名したというのです。この場合、フランス国家ではなく、フランスという社会がワイン造りに真剣に取り組む外国人を救うために立ち上がったのです。世界にはこのような良心を持つ社会がまだいくつかあります。

〈日本人〉の中には、このワイナリーを経営する夫婦に対しても「国外退去命令を出されたのは自己責任だ」と言う人が少なくないのでしょう。外国で困難に直面する〈日本人〉に対して「自己責任」の論理を振り回す〈日本人〉は、同胞に救いの手を差し伸べるどころか、冷たく突き放しているのです。

このように、一般的に言って〈日本人〉も日本という国家も、いざとなったら〈日本人〉であるあなたに対して冷たいものだ、ということをみなさんはよく認識しておく必要があります。

なぜなら、**それにもかかわらず、日本を愛するにはそれなりの覚悟が求められるからです。**

ここを誤解しないでください。ここまで読んで「日本は、本当にどうしようもないダメな国だ。それでも日本を愛するのか？　バカバカしい」と思ったのなら、そこまでです。

レッスン2でご説明した「愛のまなざし」を思い出してください。日本に「愛のまなざし」を注ぐためには、その長所だけでなく欠点もはっきりと認識していなければなりません。

ただし、問題は、欠点について自覚すればするほど、愛することに苦悩が伴うということです。様々な欠点があるにもかかわらず、その対象を愛するにはそれに伴う苦しみに耐える覚悟が必要です。「愛のまなざし」の結果、**日本の様々な欠点を深く自覚し、「それでも日本に生まれ育った以上、自分は日本を愛するのだ」という決意は苦しいも**

**のです。**

ですが、言い換えれば、それほどの苦悩に耐える愛を持った人こそ、真に深い愛国心を持った〈日本人〉だと言えるのではないでしょうか。

## （5）ぬくぬくナショナリズム

現代のナショナリズム研究には、大きく分けて2つあります。

ひとつは、極端なナショナリズムを研究するもの。もうひとつは、人々がナショナリズムだと意識しないような、日常的な政治意識を研究するものです。

前者の場合は、いわゆる極右政党や政治運動について調べることになりますが、後者の場合は「なぜ人々は自分がある国の〈国民〉であることを忘れないのか？」を探求します。

たとえば、私たちは自分が〈日本人〉だという意識を持っていて、そのことを片時も忘れません。それは一体なぜでしょうか？

イギリスの社会心理学者マイケル・ビリグは、私たちがある国の〈国民〉であることを忘れられないのは、様々なシンボルなどのせいで無意識のうちに常にそのことを自覚させられているからだ、と発見しました。

〈日本人〉であれば、日常的に日本語を浴びて、テレビでは日本国内に関するニュースを見せられ、職場では日本のスポーツ選手が世界で活躍する様に一喜一憂しています。これを毎日繰り返している結果、私たちは自分が〈日本人〉であることを無意識のうちに再確認し合っているわけです。

ビリグはこれを**「凡庸なナショナリズム」**と呼んで、極端なナショナリズムと区別しました。「凡庸なナショナリズム」は、どこにでも見受けられる空気のような存在です。それをビリグはナショナリズムの一種と認識し、研究対象として浮かび上がらせたわけです。

現代の日本にも、もちろん「凡庸なナショナリズム」は蔓延しています。しかし、そのこと自体はどこの国にも見られることで、特別なことではありません。ただし、最近の日本には一風変わった「凡庸なナショナリズム」の珍種が流行している、と私は思っています。

それは先ほどの例と重複しますが、海外旅行をして「結局、日本の方がいいや」「日本の食べ物の方が美味しいし、日本の生活の方が便利だから」という感想を漏らす人が非常に多くなっていることです。

しかし、**2、3週間ぐらい滞在しただけで、その国の生活の何がわかるというのでしょうか？**

旅行者は、結局のところ、名所旧跡を訪れ、旅行者向けの料理店で食事をして帰国するだけのことです。その国の生活習慣だけでなく基本的な価値観まで理解するには、最低でも1年間は腰を据える必要があるでしょう。

しかも「日本の食べ物の方が美味しい」とか「日本の生活が便利だ」は、考えてみれば当たり前です。なぜなら〈日本人〉にとってはその方が慣れているからです。よその国に行けば、その土地の社会通念や習慣は〈日本人〉のあなたにとってまったく見知らぬものだからです。

というわけで、日本という慣れ親しんだ世界を離れて、見知らぬ土地に身を置くことは、辛いことです。なぜなら、努力しなければその国で快適に暮らすことはできないからです。

ところが、ちょっと旅行しただけで「やっぱり日本の方がいいや」という感想を、いろいろなメディアで繰り返し目にするようになり、徐々に誰もが「やっぱり日本が一番なんだ」と思うようになっているのが、現代日本の「凡庸なナショナリズム」の特徴だと思うのです。

これをたとえて言えば、雪の降る寒い日に、露天の温泉に気持ちよく浸かっているニホンザルみたいなものです。温泉から外に出れば、身を切るような冷たい風にさらされますから、「やっぱり温泉に浸かっている方がいいや」と、のんびりぬくぬくと温泉に入り浸っているわけです。

これを私は**ぬくぬくナショナリズム**と名付けたいと思います。

ぬくぬくナショナリズムで癒されるのは実に快適でしょうが、日本国民を骨の髄まで軟弱にしてしまうのではないか、と私は危惧します。

〈日本人〉としてあなたの真価が問われるのは、温泉の外で冷たい風に耐えるときです。耐えているうちに必ずその冷たい風にも慣れてきて、やがて日本という温泉の外にも、別の種類の温泉があることがわかってきます。

温泉は日本にしかないわけではありません。よその国には、その国の〈国民〉なりの温泉があるのです。そしてそれぞれの温泉にはそれぞれの良さがあり、もちろん日本という温泉にない良さだってあるのです。

それだけではありません。

日本の外にある別の温泉を発見するまで、日本という温泉に逃げ帰らないで冷たい風に耐えたという人生経験が重要なのです。

これを別のたとえで言えば、丘の上にすっくと立つ1本の木のようなものです。

周辺に何もない丘の上に1本だけ直立する木は、雨風にひどくさらされます。悪くすると落雷を受けるかもしれません。しかし、この木はどのような天候のもとにあっても、まったく独立した個性的な存在です。

これと対照的なのは、草原に群生するススキです。1本のススキは、それだけでは大したものではありません。たくさん寄り集まって初めてその存在をアピールできるのです。しかも、集団になったところで風向きによってどちらにでもなびく存在です。風向きに抵抗しないので特に何かに耐える必要はないし、背丈もないので落雷の心配もありません。

こうした群生するススキの中の１本であることは、楽チンかもしれません。ですが、個としては何ほどのものでもありません。

そうではなく、**どんなに小さな木であっても、丘の上に１本すっくと立つ木であること。**雨風に打たれてもへこたれない１本の木であること。そのような大人を目指すことが、あなた独自のアイデンティティを育てるのです。

そのアイデンティティは、「自分たち」ではありません。「自分」であり、「私」です。集団に埋没するのではなく、集団の中にあっても自分を見失わない、たったひとりの個人です。

## （６）日本以外のもうひとつの視点

日本人が〈日本人〉であることを本当に意識するのは、大勢の〈日本人〉とともに日本の中で生きるときではありません。**たったひとりの〈日本人〉として、外国人の中で生きるとき**です。そのとき、「自分は〈日本人〉だ」というアイデンティティが重要な意味を持ちます。

しかし、そのアイデンティティは、自ら作り出すものではありません。たいていの場合、他者によって自覚させられるものです。

〈日本人〉は、明治以降、教育によって作られたという経緯は、レッスン1で説明したとおりです。日本列島に住む人々は、教育によって〈日本人〉としての意識を植え付けられたのです。今では自分が〈日本人〉であることを誰も疑いません。そうなった現在、自分がどうしようもなく〈日本人〉だと認識させられるのは、日本を出てひとりで生きるときなのです。

私の場合、ニュージーランドに移り住んですでに15年になります。

ニュージーランドという国は日本と異なり、国籍（市民権）や永住権を持つ人のエスニックな背景は様々で、14世紀にやってきたマオリ族、その500年ほど後に入植してきたヨーロッパ系白人、さらに中国系を中心とするアジア人、中近東からの移民、南アフリカあたりからの移民も少なくありません。ですから、顔だけ見てもニュージーランド人か外国人かは簡単に区別がつきませんし、そもそもそうした区別に大した意味があるとも思われていません。

ですが、たとえば私が同僚や地元の知り合いとばったり会って話す際、彼らはよく「最近日本へ行ってきた」とか「日本人の誰それに会った」と、日本にまつわる話題を出すことが多いのです。つまり、15年間もニュージーランドに住んでいようと、周囲の人々には私は〈日本人〉だと認識されているのです。

つまり、他人を介して自分のアイデンティティは〈日本人〉だということを自覚するわけです。**日本国内の〈日本人〉だらけの環境で、「日本人とは……」と言っている時点でナンセンスです。**あなたが〈日本人〉だということの意味と価値は、外国で暮らし、その土地の人たちとつきあい、仕事をする中で、初めて問われるのです。

外国人の評価の目に常にさらされているうちに、〈日本人〉として恥ずかしくない生き方をしようという気持ちが生まれます。それが〈日本人〉としての自尊心です。それは〈日本人〉であることを自慢して回ることではなく、ましてやよその国の人々を見下すことでもありません。

自分が他の国の人たちと同等の地位にあって、相応に尊重されるべきだという自己認識です。〈日本人〉だからという理由で見下されることはあってはならないし、逆に特別扱いされなければならない理由もありません。自分が〈日本人〉だからといって尊大になる必要も、卑下する必要もないのです。

仲間と一緒を重んじる〈ナショナリズム的パトリオティズム〉が、どれほど自分の頭を国境の中に閉じ込めてしまうかについて、レッスン5でお話ししました。では〈ナショナリズム的パトリオティズム〉の持ち主たちは、国境の中のことを何でもよくわかっているのかというと、そんなことはありません。

ドイツの文豪ゲーテの言葉に、こういうのがあります。

「外国語を知らぬ者は自国語についても何も知らない」

つまり、外国語を知らない者は日本語についても何も知らない。さらにはこうも言えるはずです。

## 外国を知らない者は日本についても何も知らない。

最近、グローバルという言葉が大変流行っています。しかし、グローバルな視点というものは、実は存在しません。私たちの頭の中にある世界は、徹頭徹尾、国境で仕切られた世界です。誰もが自分の国という視点に縛られているわけです。

海外に行ったところで、全世界を一挙に見渡せるわけではありません。よその国で生活し、働くことを通じて、「その場所に固有の視点」を学ぶことができるだけです。それは「グローバルな視点」ではなく、「日本以外のもうひとつの視点」にすぎません。

しかし、「日本以外のもうひとつの視点」を獲得すること、これがとても重要な一歩なのです。

よその国に住み、そこで働くことが、日本でそうすることと変わらないくらいになって初めて、外国にはない日本の長所がわかるだけでなく、日本にはないけれどその国が持っている長所も見えてきます。

このように、日本ともうひとつの国の両方に「愛のまなざし」を注ぐこと。それは、日本の良いところばかりを見るのでなく、日本にはない長所をよその国に見出すことでもあるのです。**日本であれ、よその国であれ、欠点をあげつらうのではなく、それぞれの長所を学ぶという姿勢**です。こういう心構えでよその国のことを知って初めて、自分の国についてもより客観的に学ぶことができるのです。

言い換えれば、〈ナショナリズム的パトリオティズム〉の頭の中は、結局のところ日本のこともよく知らないのです。〈ナショナリズム的パトリオティズム〉が築く国境の内側に、どうか閉じこもらないでください。

私が本書で〈共和主義的パトリオティズム〉についてここまで語ってきたのは、こうした姿勢を支える上で、この〈共和主義的パトリオティズム〉が役に立つと思うからです。

前にも説明したように、〈共和主義的パトリオティズム〉が言うところの愛国者なら、世界のどこに行ってもその場所で、普遍的な共通善に献身します。つまり、外国にいながらその場所で愛国者になることも不可能ではありませんし、そのときには自分の生まれ育った国のこともよく理解することができます。

「愛のまなざし」を、自分が今住んでいるよその国にも、自分の生まれ育った日本にも注ぐこと。そうして初めて、あなたは日本を深く愛することの意味を噛みしめるのです。

## （7）愛国を超えて

さて。

これまで、日本で一般的に理解されている「愛国」（〈ナショナリズム的パトリオティズム〉）ではない、本家本元の「愛国」（〈共和主義的パトリオティズム〉）についてお話をしてきました。それはもちろん、〈共和主義的パトリオティズム〉の方が〈ナショナリズム的パトリオティズム〉よりも、政治的にも道徳的にも優れた選択肢だと思うからです。〈共和主義的パトリオティズム〉によれば、〈祖国〉はもともと実体としてあるものではなく、自由を中心とする共通善が実現して初めて姿を現すものでした。つまり、暴政が猛威を振るい、政治や人々が腐敗すれば、〈祖国〉は消えてなくなってしまうと考えられていたのです。

それが、18世紀末のフランス革命以降、言語、歴史、宗教、自然景観のようなすでにそこにあるものとして〈祖国〉がイメージされることとなりました。しかも、その〈祖国〉は国境という目には見えにくい分厚い壁で囲まれています。

現在、私たちは国境を越えて自由に移動することができません。それだけでなく、国境は私たち一人ひとりの頭の中まで「壁」で塞いでしまっているのです。

その「壁」を乗り越える思想として、〈共和主義的パトリオティズム〉についてお話をしてきました。

しかし、最後にひとつ、大切なことを付け加えておきます。

実は〈共和主義的パトリオティズム〉もゴールではなく、まだその先があるかもしれないのです。

〈共和主義的パトリオティズム〉は中世末期から近代初期ヨーロッパで広く見られた思想ですが、その問題点のひとつは好戦的だということです。ナショナリズムが排外的で好戦的なことはよく知られていますが〈共和主義的パトリオティズム〉にも同様な問題があるのです。

しかし、このことよりもさらに深刻な問題があります。それを鋭く指摘したのが、古代キリスト教思想家として有名なアウグスティヌスでした。

アウグスティヌスは、キケロの〈共和主義的パトリオティズム〉に見られる共通善への奉仕の思想を高く評価しました。しかし、それと同時に、愛国的な共通善への奉仕は、結局のところ国を偶像として崇拝することに他ならないと厳しく批判したのです。

レッスン3で、国家は「サービス・プロバイダー」「ヤクザ」「神社」の3つの機能を持っているとお話ししましたが、アウグスティヌスが批判したのは3番目の「神社」の部分です。なぜならアウグスティヌスにとって、本当の〈祖国〉は「天上の神の王国」

以外あり得ないからです。キリスト教的には神のみが絶対であり至高の存在だからです。

このように、「〈祖国〉とは天上の神の王国のことで、この世の国家ではない」と主張することで、アウグスティヌスは愛国心をさらに純化しようとしました。このアウグスティヌスによる批判は、極めて重要です。〈共和主義的パトリオティズム〉ですら、究極的にはある特定の国を崇拝することに終わってしまう可能性を明らかにしているからです。

この問題は、いわゆる「神国」思想の伝統を持ち、政治家の口から「日本は神の国である」という発言を聞いたことがある〈日本人〉の私たちにとっても無縁ではありません。

しかも、〈ナショナリズム的パトリオティズム〉が〈共和主義的パトリオティズム〉よりも勢いをもっている21世紀の世界では、愛国心は結局のところ特定の実在する国家を崇める「偶像崇拝」となってしまう危険性が極めて高いのです。

繰り返しますが、国も国境も人間が作った観念です。そういった「人が作ったもの」

のために死ぬのではなく、人は人の世を超えた何かのために死ぬことができなければならない。そう考えるアウグスティヌスにとっては、天上の神の国こそが真の〈祖国〉だったのです。

キリスト教信仰を持たない私は、これに100パーセント賛同することはできません。では代わりに何か、と問われても今はまだ答えがわかりません。

**自分にとって、そのために死んでもいいと思える人の世を超えた何かとは一体何ですか？** この問いにたったひとりで向き合い、答えをつかんだと思えたとき、私たちはきっと愛国という問題を乗り越えているはずです。

このことをみなさんへの宿題とし、私の愛国についての講義を終了します。

最後までご清聴ありがとうございました。

## 読書案内

本書を読まれた後、さらに愛国という問題について考えてみたい方がいらっしゃるかもしれません。しかし、日本語で「愛国」について体系立てて論じた書物は意外と少ないのです。まず挙げておきたいのは、かなり古い書物になりますが清水幾太郎『愛国心』（ちくま学芸文庫）です。敗戦直後の反省から生まれた本ですが簡潔で論旨も明確な点で優れています。最近では、市川昭午『愛国心』（学術出版会）があります。愛国心だけでなく国際関係の問題など幅広い問題にまで言及しています。

現代日本においてどのような愛国心のあり方が望ましいのか？ という問題については、姜尚中『愛国の作法』（朝日新書）と佐伯啓思『日本の愛国心』（中公文庫）の２冊が双璧をなすと言えるでしょう。姜氏はリベラルならびに「在日」というやや特殊な立場から、佐伯氏は保守派の立場から、それぞれアプローチしていますので、比較対照されると面白いのではないでしょうか。

〈共和主義的パトリオティズム〉については、マウリツィオ・ヴィローリというイタリア人の政治思想研究者が執筆した『パトリオティズムとナショナリズム自由を守る祖国愛』（日本経済評論社）があります。私の説明では、わかりやすくするために単純化しているところをより細かく論じています。

さらに、鈴木邦男『〈愛国心〉に気をつけろ！』（岩波ブックレット）はたった72ページの小冊子ながら、充実した作品です。愛国心の旗印のもと現代日本で広がりつつある排外主義を的確に批判しています。著者の鈴木氏は50年以上も愛国運動をリードしてきた人物であり、そうした経験を踏まえた現状観察は興味深いものです。

民衆扇動については、英語の本ですが、Patricia Roberts-Miller, *Demagoguery and Democracy* (The Experiment, 2017) がすぐれた入門書です。たった144ページの小さな本ですので、ぜひチャレンジしてみてください。

最後に、私自身が執筆した『愛国の構造』（岩波書店）も紹介させてください。本書で論じた諸問題を含め数多くの論点を体系的に論じました。本書は『愛国の構造』で論じた基本的論点のいくつかに即し、私の個人的な考えをできる限り簡略化して講義風に説明したものです。

また、私の処女作『反「暴君」の思想史』（平凡社新書）は、「愛国」や「共和主義」といった用語をあえて用いずに、〈共和主義的パトリオティズム〉の重要性を主張した本です。併せて参照していただければ幸いです。

# あとがきにかえて

本書は、これまで10年ほど「愛国」という問題をめぐって研究してきた内容から重要ないくつかの論点を選び、私自身の個人的体験も交えて可能な限り平易に論じたものです。

私は横浜に生まれ育ち、東京の学校に中学・高校そして大学まで通いましたので、基本的な教育のベースは１００パーセント日本にあります。いわゆる帰国子女ではありません。

日本の大学在学中に１年間休学して、カナダ・トロント大学で英語研修し、ある程度英語をマスターしました。

帰国後、日本の大学院修士課程を中途退学して、イギリスのシェフィールド大学大学院博士課程に進学し、学位取得とほぼ同時に、ケンブリッジ大学のクレア・ホールというコレッジでリサーチ・フェローとして研究者の道を歩き出しました。専門は中世ヨーロッパの政治思想史です。

その後、カナダで数年過ごしたのち、ニュージーランド最古の大学であるオタゴ大学に歴史学講師として就職しました。現在はオタゴ大学で歴史学教授を務めています。

日本からイギリスへ留学して以来、今年で27年になります。

したがって、人生の半分以上を海外で過ごしていることになります。

現代日本の若者たちは海外へ旅行に出かけることはあっても、海外に留学したり仕事のために移住したりする人が減っていると聞きます。私が教えているニュージーランドのオタゴ大学でも、日本人留学生の数は減少傾向にあります。

私の場合、中学・高校時代以来、将来的には海外で暮らしてみたいと思ってきました。そのように考えるようになったのは、家庭での両親の指導によるところが大きかったと思います。しかし、その一方で、数人の日本人の生きざまに啓発されたのも事実です。

私が中学校に進学した１９８０年は、イエロー・マジック・オーケストラ（ＹＭＯ）というバンドが一世を風靡《ふうび》していました。細野晴臣、高橋幸宏、坂本龍一の３氏が結成したグループは、コンピューターとシンセサイザーを駆使したテクノ・ポップと呼ばれる新しいロック音楽を生み出したのです。しかも、日本国内で人気を獲得する以前に、欧米諸国でアルバムを発表し、コンサートツアーを行い、成功を収めました。彼らが日本だけを自分たちの活動の場と決めてかからず、世界に目を向けて自分たちの作品を発信した姿勢には本当に憧れました。

このグループは１９８３年に「散開」（解散）しますが、その後、坂本龍一さんはニューヨークに拠点を移し、世界的に音楽活動を展開しておられるので、ご存じの方も多いと思います。

中学生時代に私の音楽への関心はクラシック音楽に広がり、指揮者の小澤征爾さんの仕事に接するようになりました。そして、彼がまだ指揮者としてデビューして間もない頃に発表した『ボクの音楽武者修行』（新潮文庫、１９８０年）には大いに感激したものです。彼はクラシック音楽の演奏活動を日本ではなく西洋で行うということで、非西洋人として大変苦労なさったと思いますが、特にアメリカで高い評価を得ました。名門ボストン交響楽団の音楽監督として世界的名声を得たことは有名です。

さらに高校時代には、藤原肇さんという北米で石油関連のベンチャービジネスを展開されていたビジネスマンが執筆された『日本脱藩のすすめ』（東京新聞出版部、1980年）に出会いました。国際ビジネスマンとしての成功経験に裏付けられた自信と博覧強記に裏打ちされた見識とが、気力みなぎる発言となって、この1冊の書物に凝縮しています。この本から高校生だった私がどれほど啓発されたか、言葉では言い表せません。その後、大学を1年間休学してトロント大学で英語研修を受けていた頃も、常に手元に携帯し、折をみてはページを開いていたので、表紙がボロボロになりました。今ではすっかり黄色くなったセロハンテープであちこち留めてあります。

現在では人生100年と言われるようになりました。かつては「人生50年」と言ったものです。しかし、100年生きるとしても、実際に元気で100歳まで仕事ができる人は少ないでしょう。還暦を過ぎて病気になる人も少なくありません。私は50歳になっておよそ2年ですから、仕事を元気で続けられる時間はだいぶ残り少なくなってきたと思っています。

そこで、これまでの4半世紀以上にわたる海外での勉強や仕事と日常生活での体験に基づき、より若い日本人の方々にエールを送りたいと思うようになりました。これが、本書執筆の動機です。ささやかな本ですが、日本人としての生き方を考える上で参考にしていただければ、幸いです。

本書がこうして世に出るのは、ひとえに百万年書房代表の北尾修一さんのおかげです。北尾さんは拙著の読者として私の仕事に理解と共感を抱いてくださり、本書の企画を熱烈に支援してくださいました。原稿を練り上げる上で、熟練の編集者である北尾さんからの厳しいコメントは大いに勉強になりました。本書が少しでも面白いものに仕上がっているとすれば、北尾さんのご指導によるものです。記して心より感謝申し上げます。

「他人はともかく自分は」という視点の重要性を論じた本書が、「ひとり出版社」の経営者そして編集者として独立の立場を貫かれる北尾さんによって世に送り出されることに、因縁めいたものを感じています。そして、北尾さんとの出会いの場を作ってくださった、同じく独立の編集者でスタジオ・フォンテ代表の赤羽高樹さんにも厚く御礼申し上げます。

2019年7月　マカンドルー・ベイの自宅にて

将基面　貴巳

日本国民のための愛国の教科書

二〇一九年八月八日　第一刷発行

著者　将基面貴巳

ブックデザイン　鈴木成一デザイン室

発行者　北尾修一

発行所　株式会社百万年書房
〒一五〇-〇〇〇二　東京都渋谷区渋谷三-二六-一七-三〇一
電話　〇八〇-三五七八-三五〇二
webページ　http://millionyearsbookstore.com/

印刷・製本　中央精版印刷株式会社

ISBN978-4-9910221-9-7　C0095